Sarah Biasini spürt in ihrem berührenden Buch der Beziehung zu ihrer Mutter nach, der großen und unvergessenen Romy Schneider. Wie wächst man auf, wenn man die Mutter im Alter von vier Jahren verliert? Wie lebt man weiter, wenn einem der Tod so früh so nahekommt? Wie trauert man um eine Mutter, die von der ganzen Welt abgöttisch verehrt wird? Die Antwort findet Sarah Biasini bei sich, bei der Liebe ihrer Familie, ihrer Freunde, bei den Frauen, die ihr die Mutter ersetzt haben. Ein Buch über das Leben, das weitergeht, trotz allem.

SARAH BIASINI wurde 1977 in Gassin geboren. Sie ist die Tochter von Romy Schneider und Daniel Biasini und ist ebenfalls Schauspielerin und trat in Theatern in London und Paris auf. Zudem ist sie in diversen Kino- und Fernsehfilmen zu sehen. Im Schreiben hat sie eine zusätzliche Ausdrucksmöglichkeit für sich entdeckt. »Die Schönheit des Himmels« ist ihr erstes Buch.

Sarah Biasini

Die Schönheit des Himmels

*Aus dem Französischen
von Theresa Benkert*

btb

Die Originalausgabe erschien erstmals 2021 unter dem Titel
La beauté du ciel im Verlag Éditions Stock, Paris.

Sollte diese Publikation Links auf Webseiten Dritter enthalten,
so übernehmen wir für deren Inhalte keine Haftung,
da wir uns diese nicht zu eigen machen, sondern lediglich auf
deren Stand zum Zeitpunkt der Erstveröffentlichung verweisen.

Penguin Random House Verlagsgruppe FSC® N001967

1. Auflage
Genehmigte Lizenzausgabe Juli 2023
btb Verlag in der Penguin Random House Verlagsgruppe GmbH
Neumarkter Straße 28, 81673 München
Copyright © der Originalausgabe 2021 by Éditions Stock
Alle Rechte der deutschsprachigen Ausgabe
Copyright © 2021 Paul Zsolnay Verlag Ges. m. b. H., Wien
Covergestaltung: semper smile, München,
nach einem Entwurf von Anzinger und Rasp, München
Umschlagmotiv © privat
Druck und Einband: GGP Media GmbH, Pößneck
MA · Herstellung: sc
Printed in Germany
ISBN 978-3-442-77256-8

www.btb-verlag.de
www.facebook.com/penguinbuecher

Die
Schönheit
des
Himmels

»Die Spuren wiederfinden, selbst die allerkleinsten, dieses
wilden Teils, der sowohl das Leben als auch den Tod
in sich birgt, aber vonseiten des Lebendigen, das bedeutet,
angetrieben von der Bewegung der Metamorphose.«

Anne Dufourmantelle,
La Sauvagerie maternelle

»Der Tod ist die Wiege des Lebens.«

Jacques Higelin

In drei Wochen wirst du auf die Welt kommen.

Der Arzt meint: Tag der Zeugung am 20. Mai 2017, Geburtstermin am 20. Februar 2018. Seine Berechnungen beruhen auf meinen eigenen, dabei darf man die zulässigen Abweichungen nicht vergessen.

Also warte ich.

Die neun Monate neigen sich dem Ende zu, und auch ich neige mich, ein paar Mal noch, über meinen runden Bauch.

Er sieht aus, als könnte er jeden Moment platzen, so sehr dehnt sich die Haut unter der Wirkung der ersten schmerzfreien Wehen, man sagt auch »Übungswehen«. Du könntest heute Nacht, morgen oder genauso gut in zehn, fünfzehn oder zwanzig Tagen kommen.

Während ich warte, schreibe ich dir.

Bei jeder Geschichte, die man erzählen möchte, gibt es einen Ausgangspunkt. Ein Ereignis, das andere Ereignisse nach sich zieht, kleine wie große. Hier sind sie also in der Reihenfolge, in der mir einige von ihnen bewusst und andere wieder bewusst geworden sind.

Das Telefon klingelt, es ist Sonntag, der 1. Mai 2017, ungefähr 10 Uhr. Gilles ist ins Kino im Quartier des Halles gegangen, in die Frühvorstellung, an den Film erinnere ich mich nicht mehr. Ich hatte überlegt, mitzukommen, ihn aber schließlich doch nicht begleitet.

Das Telefon klingelt weiter, ich nehme nicht ab, die Nummer, die an diesem Morgen anruft, kenne ich nicht. Der Anrufer hinterlässt eine Nachricht, aber ich erledige erst, was ich gerade mache, ich weiß nicht mehr, was es war, wahrscheinlich der Abwasch.

Ach doch, ich weiß es schon noch, ganz sicher, ich stehe in der Küche, draußen ist es schön, ich erinnere mich an die Sonnenstrahlen, die sich breit gefächert in der Wohnung verteilen.

Dann höre ich endlich den Anrufbeantworter ab.

»Guten Tag, hier ist die Gendarmerie von Mantes-la-Jolie, Polizeihauptkommissarin D. M., bitte machen Sie sich keine Sorgen (oder eine ähnlich behutsame Floskel), aber das Grab Ihrer Mutter wurde letzte Nacht geschändet.« Das Ende der Nachricht ist verschwommen in meiner Erinnerung. Vermutlich das Übliche: »Sie erreichen mich unter folgender Nummer« und so weiter.

Ich rufe zurück und habe gleich die Hauptkommissarin am Apparat, sie hat mir ihre private Handynummer gegeben, es ist ein Feiertag, eigentlich hätte sie frei.

Ihre sanfte und hohe Stimme steht im Gegensatz zu den Fakten, die sie mir darlegt.

Sie hätten mit einem Brecheisen auf den Grabstein eingeschlagen, um ihn vom Sockel zu lösen. Dann hätten die besagten Personen (in meiner Vorstellung sind es mindestens zwei, wenn man die Größe des Steins bedenkt) den Grabstein verrückt und eine schräge, etwa zwanzig Zentimeter breite Öffnung hinterlassen. Die Hauptkommissarin beruhigt mich sofort: Den Sarg hätten sie nicht erreicht, da er durch eine zusätzliche Betonplatte unter dem Grabstein geschützt sei. Sie seien nicht weiter als bis zu dieser Platte gekommen, die anscheinend unter Wasser stand wegen der Feuchtigkeit, die sich in den fünfunddreißig Jahren dort angesammelt hatte. Ich frage sie: »Wer hat die Gendarmerie benachrichtigt?« Ein Sonntagsradfahrer, der dort vorbeikam (seltsam, auf einem Friedhof Rast zu machen, aber na gut). Noch am Telefon stelle ich weitere Fragen: »In welchem Zustand hat man das Grab denn vorgefunden? Ist der Schaden groß, ist der Stein gesprungen?« Sie beruhigt mich, nein, es sei nicht viel beschädigt worden, abgesehen von ein paar verschobenen Blumentöpfen und ein oder zwei umgefallenen Vasen. Sie habe ein Foto gemacht, als sie am Tatort angekommen sei, und schlägt vor, es mir zu schicken, ich nehme ihr Angebot an. Ich sehe den aufgebrochenen Stein vor mir, den geöffneten Spalt, das Loch mit dem schwindelerregenden Schwarz. Die Lücke ist nicht groß genug, um an etwas heranzukommen oder hineinzufallen, als hätten sie nicht zu Ende gebracht, wofür sie gekommen waren, als hätten sie mittendrin aufgehört, enttäuscht, reumütig oder von einem verdächtigen Geräusch überrascht.

Schließlich frage ich sie, was ich jetzt tun soll. Sie erklärt mir, die Kollegen von der Kriminaltechnik seien im Einsatz, um Spuren zu sichern, und der Steinmetz sei da, um den Grabstein wieder am Sockel zu befestigen.

»Soll ich vorbeikommen?«

»Wenn Sie möchten, natürlich.«

Einen Moment spiele ich mit dem Gedanken, daheimzubleiben, mich nicht von der Stelle zu rühren, diesen Ort fern von meinen Sorgen, auf Distanz zu halten. Sofort reiße ich mich zusammen und bereue es schon, dass ich gezögert habe. Ich sage am Telefon, sie solle auf mich warten, in zwei Stunden werde ich da sein. Selbstverständlich wird sie so lange vor Ort bleiben. Sie bittet mich, vorsichtig zu fahren, ich weine schon seit Beginn unseres Gesprächs.

Mit den Ellbogen auf den Küchentisch gestützt sitze ich da und denke: Noch so ein scheußlicher Vorfall. Wer macht so etwas?

Ich weiß nicht, warum ich so weinen muss. Es wird mir fast zu viel, ich kann mich kaum beruhigen. Sie ist ja schon tot. Schlimmer kann es nicht werden. Aber sie sollen sie endlich ein für alle Mal in Ruhe lassen. Selbst im Tod will man sie noch ruinieren. »In Frieden ruhen«, das könnte nicht angebrachter sein.

Ich versuche, Gilles zu erreichen, aber es klingelt nicht einmal, er hat das Handy im Kino ausgeschaltet. Ich hinterlasse ihm eine Nachricht: »Ruf mich bitte zurück, wenn du fertig bist.« Danach rufe ich meine Großeltern väterlicherseits an, um ihnen Bescheid zu geben und mir ihr Auto auszuleihen. Als Gilles sich meldet, bin ich schon bei ihnen, er bittet mich, auf ihn zu warten, und besteht darauf, mich zum Friedhof zu begleiten. Ich bin nicht gerade begeistert, aber willige ein, da ich sehe, wie erleichtert Monique und Bernard darüber sind, dass ich nicht allein hinfahre. Ich würde am liebsten sofort aufbrechen. Noch scheint die Sonne.

Gilles fährt, aber als wir an einer Tankstelle halten und nach dem Weg fragen, übernehme ich selbst das Steuer, um mich abzureagieren.

Wir fahren. In meinem Kopf geht nicht viel vor sich, ich bin in einer Schockstarre, bei der jeder Gedanke gefriert. Ich konzentriere mich auf die Straße. Stille im Auto. Wir erreichen das kleine verlorene Dorf im Departement Yvelines. Boissy-sans-Avoir. Boissy-ohne-Haben.

Und auch ohne-Sein. Was für ein trauriger Name.

Ich habe Schwierigkeiten, den Friedhof zu finden, insgesamt war ich nur drei Mal in meinem Leben hier. Ich brauche diese Art von Ort nicht, um an die Toten zu denken. Zur Orientierung halte ich Ausschau nach dem Kirchturm. Als ich am Friedhofszaun vorbeifahre, sehe ich eine Menschenansammlung, *hier ist es*. Ich wende und suche einen Parkplatz. Ich versuche, mich in eine klägliche Parklücke zu manövrieren, fange jedoch an zu zittern. Die Arme und Beine lassen mich im Stich, erfüllen ihre Funktion nicht mehr. »Geh schon mal vor, ich parke ein«, sagt Gilles.

Ich steige aus, die Gruppe vor dem Friedhof hat meine Ankunft schon bemerkt (in diesem Dorf herrscht nicht gerade viel Verkehr), sie erkennen mich. Ich sehe, wie sie mir zuerst ihre Gesichter und dann ihre Körper zuwenden, um mich in Empfang zu nehmen. Langsam setze ich mich in Bewegung, warte darauf, dass Gilles mir folgt. Er wollte im Auto bleiben, aber ich war dagegen. Er hält trotzdem genügend Abstand, als wolle er sagen: *Mach dir meinetwegen keine Sorgen, tu, was du tun musst, ich bin da, falls du mich brauchst.*

Die Hauptkommissarin, in Zivil und schwanger, fällt mir jetzt wieder ein (mit ihrem zweiten, wie sie mir später erzählen wird), neben ihr ein Polizist, in Uniform.

Der Steinmetz ist auch da. Das Unternehmen ist in Familienhand, zusammen mit seinem Zwillingsbruder hat er das Geschäft des Vaters übernommen, den man damals, 1982, gerufen hatte, als meine Mutter starb.

Wir, die Zwillinge und ich, gehören zur nächsten Generation, wir treten das Erbe an. Auch der Bürgermeister aus dem Dorf ist da, es ist noch derselbe wie vor fünfunddreißig Jahren.

Wir stehen immer noch vor dem Friedhofszaun, Gilles ein Stück hinter mir, in respektvollem Abstand. Mit der linken Hand fummle ich ununterbrochen am Henkel meiner Tasche herum. Sofort wird es mir bewusst. Ich lenke meine Gefühle in die unruhige Hand, mit der ich mich an etwas festklammern muss, die ich anspanne, um mich vom Schmerz abzulenken.

Meine Kehle ist wie zugeschnürt, zum Glück muss ich nichts sagen, ich höre zu, wie sie mir erneut die Fakten darlegen. Konzentriere mich auf die Zärtlichkeit in jedem der auf mir liegenden Blicke, überschäumend vor Empathie und Mitgefühl. Ich muss Haltung bewahren und das Zittern meines Kinns unterdrücken. Gerade habe ich es geschafft, aus dem Auto zu steigen, jetzt stehe ich aufrecht, hefte mich an den Boden, der mich trägt.

Sie reden lange. Wir bleiben eine ganze Weile vor dem Zaun stehen, weit weg vom Ort des Verbrechens, des Einbruchs, um uns zu schützen, um mich zu schützen. Sie zögern den Moment hinaus, in dem sie mich zum Grab führen.

Endlich gehen wir durch das Gittertor. Alle senken den Kopf, ich tue es ihnen gleich.

Etwa hundert Gräber, ein kleines Dorf, ein kleiner Friedhof. Das Knirschen der Kieselsteine unter unseren Schritten. Was mache ich hier bloß?

Um diese Zeit hätte ich Gilles am Ausgang des Kinos abgeholt, wir hätten gemütlich zu Mittag gegessen, auf einer Terrasse, vielleicht in der Rue Montorgueil.

Ich hebe kurz den Blick, um die Stelle auszumachen, wo das Grab ist. Diesen Ort, der in den Augen brennt. Den ich nicht sehen will.

Sie haben alles in Ordnung gebracht, bevor ich gekommen bin, alles ist wieder an seinem Platz wie am Tag der Beerdigung (zumindest stelle ich mir es so vor, ich war nicht dabei). Ich erkenne, dass die Spurensicherung hier war, man sieht noch Reste ihres grünen fluoreszierenden Mittels auf den Rändern des Grabsteins und den Vasen. Ich habe das Gefühl, in einer schlechten Krimiserie gelandet zu sein. Die Steinmetze haben den Grabstein wieder befestigt. Die Blumen in den Vasen und Töpfen sind unversehrt.

Das Grab ist in einem tadellosen Zustand, alle haben ihre Arbeit getan, jetzt bin ich an der Reihe. Das Scheckheft steckt hinten in meiner linken Jeanstasche. Ich bin bereit zu zahlen, die Rechnungen mit der Vergangenheit zu begleichen, wie man so schön sagt. Ich erfülle meine Pflicht als Tochter. Kümmere mich um meine Mutter, verwahre ihren Tod wieder dort, wo man ihn hätte lassen sollen.

Ich sehe das Grab an, ohne es wirklich zu sehen. Es erinnert mich daran, dass sie am Leben war, es aber nicht mehr ist. Die beiden Zustände stehen sich gegenüber, und der eine verweist auf den anderen. Sie war am Leben, aber sie ist tot, aber sie war am Leben, aber sie ist tot, aber sie war …

Ich will nicht denken, dass es meine Mutter ist, die dort unter der Erde liegt, die Hälfte meines Ichs, als ich geboren wurde, ein Teil meiner Geschichte.

Auch mein Bruder liegt dort unten. Zusammen begraben.

Die Minuten vergehen. Ich stelle den Steinmetzzwillingen Fragen, tausche mich noch mit D. M. aus. Hole mein Scheckbuch heraus, drücke Hände, bedanke mich aufrichtig. Verabschiede mich, sie werden sich bei mir melden.

Es brennt immer noch in den Augen. Ich will die eingravierten Namen auf dem Stein nicht länger ansehen. Es interessiert mich nicht. Der Tod interessiert mich nicht. Ich kenne ihn, er ist mir vertraut. Auch mein Blut ist zur Hälfte kalt. Bei ihnen. Ich bin ein Roboter. Ich rede über sie wie über Fremde. Ferne, auf Distanz gehaltene Wesen.

Ich habe nichts mehr auf diesem Friedhof zu suchen. In einem Anflug von Wahnsinn könnte ich mich auf das Grab legen und den Stein streicheln, als würde ich die Haare meiner Mutter berühren. Doch das werde ich nicht tun, ich kann mich zusammennehmen. Ich will schnell weg hier. Gilles wartet auf mich, an ein Mäuerchen gelehnt. Diesmal fährt er. Ich bin zu erledigt und erschöpft davon, mich so lange beherrscht zu haben. Er ist da.

Am Telefon hatte mich D. M. vorgewarnt, dass bereits Journalisten im Rathaus von Boissy angerufen hätten.

Auf dem Friedhof kreiste ein Hubschrauber allem Anschein nach beharrlich über uns, und ich dachte sofort, man
würde uns beobachten. Ich hatte nachgefragt, wie die Presse
davon erfahren hat. Der Sonntagsradfahrer hatte es wohl für
eine gute Idee gehalten. Letztlich gab es kein großes Aufsehen,
nur eine Pressemeldung der AFP, und ein paar Radiosender
berichteten darüber.

Heute liest Gilles diese Seiten. Er meint, dass ich mich täu-
sche, ein Nachrichtensender hätte noch am selben Tag eine
Meldung im Fernsehen herausgebracht. Viele unserer Freunde hätten am Abend des 1. Mai angerufen und sich nach mir
erkundigt. Warum habe ich mich daran nicht mehr erinnert?
Weil es nicht oder zu wichtig war?

Ich kann nicht wie andere über die eigene Mutter sprechen. Würde man das Grab von jedem x-Beliebigen schänden? Meine Mutter ist berühmt. Ich würde gerne behaupten,
dass ihre Bekanntheit nichts zur Sache tut, aber das wäre gelo-
gen. Und ich werde nicht lügen, vor allem werde ich dich nicht
belügen, meine zweieinhalbjährige Tochter, der ich diese Geschichte erzähle.

Ich sage nicht gerne ihren Namen. Den Namen, auf den sie
reagierte, wenn andere sie riefen. Ich bin ihre Tochter, seine

Eltern nennt man nicht beim Namen. Man sagt, meine Mutter oder mein Vater. Einmal habe ich meinen Vater beim Vornamen genannt, ich muss damals sechs oder sieben Jahre alt gewesen sein, einfach so aus Spaß, um erwachsen zu spielen. »Daniel!« (Der Vorname gefällt mir.) Ich habe nicht gleich verstanden, warum er sich aufgeregt hat, warum es ihn zu stören schien. Der Tochter gegenüber wollte er nur eine einzige Identität haben, die des Vaters.

Wenn ich hier den Namen meiner Mutter schreiben würde, hätte ich das Gefühl, über eine andere zu sprechen, über eine Fremde. Ihr Name als Schauspielerin, ihr beruflicher Name, gehört ihr inzwischen fast nicht mehr, und ich habe das Gefühl, dass er nie zu mir gehört hat. Ihr Mädchenname wurde schon in all den Biografien geschrieben. Das ist nicht schlimm, so ist es eben, sie war schon berühmt, bevor ich überhaupt geboren wurde. Es gibt nichts Schöneres, als sie »meine Mutter« zu nennen. Niemand außer mir darf sie so nennen. Das lasse ich mir nicht nehmen.

Alle können den Namen meiner Mutter sagen. Alle kennen sie oder haben von ihr gehört. Besonders diejenigen, die heute zwischen vierzig und achtzig Jahre alt sind. Die unter Zwanzigjährigen können mit ihrem Namen nichts anfangen, außer sie sind damit aufgewachsen, in den Weihnachtsferien die Sissi-Filme zu sehen, oder ihre Eltern sind Kinofans, verliebt in die Filme von Claude Sautet.

Meine Mutter ist unvergessen. Wegen ihrer Arbeit als Schauspielerin, wegen der Männer, die sie geliebt hat, wegen des tragischen Tods ihres ersten Kindes, ihr Sohn David, mein

Halbbruder, mein Bruder, das genügt. Nicht einmal ein Jahr vor ihrem eigenen Tod.

Niemand will meine Mutter vergessen, nur ich. Alle möchten daran denken, nur ich nicht. Niemand wird so sehr weinen wie ich, wenn ich daran denke.

Wenn die Leute mit mir über sie reden, sagen sie ihren Namen anstatt »deine Mutter«, »Ihre Mutter«. Als würde ich nicht direkt vor ihnen stehen. Ich verstehe nicht, was sie sagen. Ich höre ihnen schon gar nicht mehr zu. Über wen sprechen sie? Ihr Name interessiert mich nicht, mich interessiert nur meine Mutter.

Wie viele Male habe ich »nein« gesagt, wenn mich auf der Straße fremde Leute gefragt haben, ob ich ihre Tochter sei. Ich wollte meinen Frieden. Die Fragen vermeiden, die Befangenheit, die eindringlichen, unangemessenen, zu nahen Blicke. Ich kann mit solchen Situationen nicht umgehen. Der Schamlosigkeit von Unbekannten setze ich Kälte entgegen. Ich unterbreche sie abrupt, nein, das bin ich nicht. Was soll ich auch antworten auf Sätze wie »Ich habe sie so geliebt«? Ich kann ihre Liebe für sie, ihren Verlust nicht teilen. Meine Liebe und meine Leere erscheinen mir tausendmal größer. Ich bin nicht die richtige Ansprechperson für sie. Tut mir leid.

Manchmal antworte ich mit »ja«. Dann bin ich in besserer Stimmung, höre Wohlwollen heraus, größeren Respekt. Ich spüre, selbst wenn ich rede, wird Stille folgen.

Alles ist immer eine Frage der Begegnungen. Und der Distanz.

Ich komme noch einmal auf den 1. Mai zurück.

Wer würde ein Grab schänden? Antisemiten? Schatzsucher? Durchgeknallte Verehrer? Die Polizeihauptkommissarin gibt mir zu verstehen, dass es schwierig sein wird, die Verantwortlichen ausfindig zu machen. Sie werden im Dorfcafé die Einwohner dazu befragen, aber sie macht sich keine großen Hoffnungen. Sie hat recht. Es bleibt ein Rätsel. Der Rest meiner Familie hakt diesen folgenlosen Vorfall schnell ab, der von einem oder mehreren psychisch Gestörten verursacht wurde. Sie haben ja recht, verglichen mit dem, was wir schon erlebt haben, ist es nur eine Randerscheinung. Das Schlimmste haben wir schon hinter uns.

Mich beschäftigt etwas anderes. Ich weiß nicht, ob ich weinen oder mich über diesen Tag freuen soll. Oder beides gleichzeitig. Als ich wieder zu Hause bin, frage ich mich, was ich mit diesem Ereignis anfangen soll. Ein Teil von mir versteht nur zu gut, welche Rolle der Zufall dabei gespielt hat. Der andere will dem Ganzen einen Sinn geben. Noch völlig benommen frage ich Gilles immer wieder: »Was will man mir damit sagen? Was hat das alles bloß zu bedeuten? Warum ist das passiert? Ich muss doch irgendetwas daraus machen. Das alles ist ein Vorwand für, ja … wofür denn? Das ist doch völlig irre?!«

Ich muss mit einer anderen Person darüber sprechen, die

mich schon länger kennt, die auch den Tod aus eigener Erfahrung kennt und genug Gelassenheit mitbringt, um mit den Gefühlen der Freundin umzugehen, ihr aufmerksam zuzuhören. Caroline hat im Radio von der Schändung erfahren und den ganzen Tag über schon mehrmals mit mir telefoniert.

Bei ihr spreche ich am selben Abend diese Fragen laut aus, und wir sind uns einig, dass mir all das helfen soll, meine Trauer noch besser zu verarbeiten.

Was bedeutet dieser schwer greifbare und lächerliche, da unmögliche, Ausdruck? Laut dem Wörterbucheintrag in meinem *Petit Robert 2008* stammt *deuil*, das französische Wort für Trauer, aus dem Lateinischen, von *dolus, douleur. Dolere*, schmerzen. Soll man darunter verstehen: seinen Schmerz verarbeiten? Ihn zu Ende denken? Bis er sich in etwas anderes verwandelt? Und in was? In etwas Erträgliches?

»Trauerarbeit bezeichnet den psychischen Prozess, durch den es einer Person gelingt, sich von der verstorbenen Person zu lösen, diesem Verlust einen Sinn zu geben.« Anschließend folgt ein Zitat von Noëlle Châtelet: »Trauerarbeit ... eine Abfolge von Handlungen, die darin besteht, Dinge aus der Versenkung hervorzuholen, auszugraben, um sie noch ein letztes Mal wiederzusehen und die Vergangenheit, den im Leben zurückgelegten Weg zu betrachten.«

Da haben wir's. In der Theorie, schön und gut, in der Praxis ist das etwas anderes.

Im Moment scheint es mir unvorstellbar, etwas Derartiges zu erleben. Ich begrabe meine Mutter erneut, ich zahle für ihr Begräbnis, und all das spielt sich diesmal im engsten Kreis ab. Verglichen mit dem Tamtam damals nehmen meine neuen

Freunde, Polizisten, Amtsträger und Steinmetze, nicht die Rolle der ungebetenen Gäste ein. Im Gegenteil, sie begleiten mich, reichen mir die Hand. Das ist nicht jedem vergönnt. Danke, meine lieben Schänder, für diese kleine Zeremonie ganz für mich allein. Damals war ich aus gutem Grund nicht bei der offiziellen Beerdigung mit all den anderen. Mit dem Rest der Welt. Kinder nimmt man bei so etwas nicht mit. Ein Friedhof ist schließlich keine Grünanlage für Spielhosen, es gibt keine Schaukel, keinen Sandkasten, keine Rutsche. Was wäre das für ein Chaos.

An den darauffolgenden Tagen bebt mein ganzer Körper, ich bin immer noch völlig durcheinander.

Abgesehen von meinen Großeltern habe ich in dieser Woche niemanden getroffen.

Ich spreche nicht mehr darüber, aber ich würde diesen Tag am liebsten noch einmal erleben. Diesen Tag, der wie kein anderer war. Meine Mutter und ich zusammen wie vor so langer Zeit.

Ich sehe mich wieder in der Buslinie 32 sitzen und an der Kirche Saint-Augustin vorbeifahren. Ich spüre meine erhöhte Temperatur, kein Fieber, aber Hitze macht sich in meinem Körper breit.

Ich bin in und neben der Spur, ich weiß nicht mehr, wo ich bin. In mir braut sich etwas zusammen. Mein Schwerpunkt wird völlig aus dem Gleichgewicht gebracht. Ich bin durchdrungen, wovon, von wem?

September 2008

Ich bin in Marseille und spiele in dem Stück *No One Sees the Video* von Martin Crimp mit, das ich überhaupt nicht verstehe. Ein Regisseur, mit dem ich befreundet bin, wartet am Ausgang des Theaters auf mich. Er ist in Begleitung einer Frau, die ich nicht kenne. Ganz selbstverständlich, und weil ich gut erzogen bin, stelle ich ihr Fragen, interessiere mich für sie:

»Und was machen Sie beruflich?«

Sie: »Ich spreche mit den Toten.«

Ich wette, das ist kein Zufall, dass ausgerechnet mir das passiert. Immerhin fügt sie stammelnd hinzu, dass sie das normalerweise nicht so direkt sagt, aber dass sie sich bei mir vermutlich wohlfühlt.

Na ja, warten wir's mal ab …

Wenn ich mich recht erinnere, erklärt sie mir, dass sie das erst seit kurzem hauptberuflich macht. In den kommenden Tagen – ich bleibe nur sehr kurz in Marseille, sie lebt dort – vereinbaren wir ein Treffen. Die Neugierde besiegt oft die Skepsis und die Ungläubigkeit. Ich glaube an nichts, würde aber gerne daran glauben. Das kleine Mädchen, das mit seiner Mutter sprechen will, ist nie weit weg.

Einige Tage später besuche ich sie, wir setzen uns in der Küche, die zum Wohnzimmer hin offen ist, auf zwei hohe Barhocker und stützen die Ellbogen auf den Tresen.

Bevor wir beginnen, erklärt sie mir bei irgendeinem Getränk, wie und unter welchen Umständen sie ihre »Begabung« erkannt hat. Sie habe es immer gewusst, aber nicht darüber gesprochen. Nichts daraus gemacht. Aus diesen Menschen, die nur sie selbst sehen und hören konnte. Als ihre Tochter noch klein war, lebte sie in einem bereits »bewohnten« Apartment.

Eines Nachts musste sie gegen eine »Präsenz« kämpfen, um ihr Kind zu beschützen.

Es gelang ihr, den boshaften Geist zu vertreiben, danach ist sie umgezogen.

Nach dieser Einführung bittet sie mich, die Schuhe auszuziehen und mich aufs Sofa zu legen, das ist die vorgesehene Position. Ich soll die Augen schließen. Sie wird mich nicht berühren, die Hände waagerecht, mit den Handflächen nach unten, ungefähr zehn Zentimeter über meinen Körper halten. Sie wird bei den Füßen beginnen, dort, wo ich die Erde berühre, das ist zumindest meine Interpretation, und dann nach und nach immer höher wandern. Wie weit? Das werden wir gleich sehen. Wie lange dauert es? Das weiß ich nicht mehr. Ich erinnere mich, wie ich die Augen öffne und in ihr leicht zu mir gebeugtes Gesicht blicke, ihre Augen sind geschlossen. Als sie auf Höhe der Knie angelangt ist, hält sie inne, um mir zu erklären, dass die Kniescheiben Vater und Mutter symbolisieren. Sie bewegt die Hände nicht mehr weiter. Ernsthaft, an dieser Stelle bleiben Sie also hängen?

Da ich keine einzige Frage zum Vorgehen gestellt hatte oder dazu, wie eine »Séance« üblicherweise ablief, traute ich mich nicht einzugreifen, über diese Vermittlerin mit ihnen Kontakt aufzunehmen. Es ist schwierig, die Rationalität völlig abzulegen. Man will es und will es doch nicht.

Ich schwieg also, während sie wiederholte, was sie fühlte, sah und was sie »hörte« aus dem Mund meiner Mutter und dem meines Bruders. Dinge, die sie mir früher nicht hatten sagen können.

Ich hörte ihr nur von weitem zu. Nach dem Motto: *Ich lasse mir nichts vormachen*. Mit einem schmalen Lächeln im Mundwinkel, innerlich, unsichtbar, um die Frau nicht zu beleidigen – schließlich bin ich gut erzogen. Immerhin hat sie mich nicht dazu gezwungen, ich bin aus eigenem Antrieb zu ihr gekommen.

Ich wurde nicht religiös erzogen, vom verpflichtenden Religionsunterricht bis zur siebten Klasse in meiner Privatschule einmal abgesehen. Und zu Hause spielt der Glaube gar keine Rolle, wir sind gute Ungläubige. Für uns bleibt die Bibel das schönste jemals geschriebene Drehbuch. Vielleicht sind wir auch kleine heilige Thomasse. Wir glauben nur, was wir mit eigenen Augen sehen.

Es wäre einfacher anzunehmen, dass es den Toten gut geht, über unseren Köpfen im Himmel, und sie uns glücklich von ihrer Wolke aus folgen. Zu gegebener Zeit werde ich es wohl sehen. Jetzt gerade, in Marseille, während ich zuhöre, wie mir diese Frau erzählt, was sie angeblich von meiner Mutter, meinem Bruder (und, ja, sogar von meiner Großmutter mütterlicherseits) hört, während ich nichts höre, will ich nur noch die Beine in die Hand nehmen.

Sie ist zu mir ins Theater gekommen, und der Freund, der sie begleitet hat, kennt mich gut, er kennt meine Geschichte. Sie müssen darüber gesprochen haben. Ich neige nicht zu übermäßiger Egozentrik, ich kenne einfach die menschliche Natur. An ihrer Stelle hätte ich dasselbe getan. Deshalb kann ich, während ich ihr zuhöre, auch nicht denken: *Das ist ja unglaublich, woher weiß sie das alles nur?* Vielleicht lässt sie alle Toten, die sie »hört«, dieselben Sätze sagen. Vielleicht wollen alle Lebenden im Grunde dasselbe von ihren Toten hören. Dass diese sie lieben und es bedauern, nächste Woche nicht mit ihnen gemeinsam essen zu können. Zum Beispiel.

Sonntag, 7. Mai 2017

Freunde von uns geben eine Party anlässlich des zweiten Wahlgangs der Präsidentschaftswahl.

Die Teilnehmer dieser vergnügten Runde wissen, was mir letzte Woche widerfahren ist, aber sie sind zurückhaltend und taktvoll. In der Küche spreche ich kurz mit Laurence M. darüber. Ich muss ein Glas Rosé in der Hand gehalten haben, bin mir aber nicht sicher, da ich mich überhaupt nicht erinnern kann, betrunken gewesen zu sein.

Plötzlich wird mir schlecht, ich spüre, dass die Beine unter mir nachgeben. Ich muss mich setzen, mir bleibt kaum Zeit, es Laurence zu sagen, sie stützt mich am Arm, die anwesenden Freunde machen uns Platz, ich spüre noch, wie ich ohnmächtig werde, im nächsten Moment liege ich auf den Fliesen.

Lange Sekunden vergehen. Ich bin gefühlt viereinhalb Tonnen schwer.

Nach und nach komme ich wieder zu mir, mir ist übel. Das Ganze könnte mir peinlich sein, ich verderbe die Stimmung, aber es ist nicht wirklich schlimm. Den restlichen Abend liege ich im Kinderzimmer. Matteo, Raphaël und ihre Freunde machen es sich auf dem Bett der Eltern bequem und sehen eine DVD an. Von weitem höre ich den Namen unseres neuen Präsidenten. Ich versuche, wieder ein bisschen zu Kräften und zum Sofa im Wohnzimmer zu kommen, um das Ereignis zu verfolgen. Ich sehe gerade noch, wie sich Jupiter, an der Pyramide des Louvre vorbei, seinem Volk nähert. Dann schlafe ich an Gilles' Schulter wieder ein.

Der Regisseur Didier Long bietet mir an, Jeanne Hébuterne zu spielen, Modiglianis Frau, in dem von Laurent Seksik geschriebenen Theaterstück *Modi*. Das Stück erzählt die letzten Monate aus dem Leben des Malers.

Er spricht mit mir über die Geschichte, über die Figur Jeanne und weist darauf hin, dass sie am Anfang des Stücks schwanger ist. »Egal, wir machen dir einfach einen falschen Bauch.« Ich antworte: »Ja, sicher, das ist ja üblich.«

Montag, 12. Juni 2017

Ich betrete die Praxis von Doktor B. mit einem positiven Schwangerschaftstest.

Mithilfe des Kalenders ermitteln wir den Tag deiner Zeugung. Der 20. Mai. Drei Wochen nach dem Vorfall auf dem Friedhof. Seit über fünfundzwanzig Jahren bin ich nun gebärfähig, seit zehn Jahren verhüte ich nicht mehr, und ausgerechnet jetzt klappt es? Gibt es hier etwa einen kausalen Zusammenhang? War das der Grund, der mich daran gehindert hat? Zukünftige(r) Liebe(r), bedanke dich bei deiner Großmutter.

Die Zeitspanne zwischen den beiden Tagen (Grabschändung – Zeugung) regt meine irrationalen Glaubensvorstellungen nur noch mehr an, meine magischen Gedanken. Knapp drei Wochen. Noch genau im Zyklus danach. Zu diesem Zeitpunkt spreche ich in »Zyklen«, denn seit einem Jahr sitzen wir regelmäßig im Sprechzimmer von Doktor B., einem Gynäkologen, der auf Geburtshilfe für späte Schwangerschaften spezialisiert ist.

Ihm erzähle ich nichts von meiner übersinnlichen Theorie. Übrigens zieht er ohnehin schon ein Gesicht. Er macht nicht gerade den Eindruck, als freue er sich allzu sehr für deinen Vater und mich. Ich sehe es ihm deutlich an, er ist enttäuscht darüber, dass er sein Werk nicht vollendet hat. Nach zwei erfolglosen Inseminationen haben wir ihm nicht einmal Zeit gelassen, bis zur In-vitro-Fertilisation zu kommen, die für Juli schon geplant war. Er hat also nichts damit zu tun, es ist nicht ihm zu verdanken, nicht der Wissenschaft. Dein Vater und ich, bei weitem nicht mehr die Jüngsten, in fragwürdiger körperlicher Verfassung, Raucher, sind nicht die besten Kandidaten für eine Elternschaft. Und doch …

Das Leben ist, so wie es uns passiert, mit all den Zufällen, unvorhersehbaren Begegnungen und Ereignissen, eindeutig besser als irgendein Roman oder Drehbuch.

In letzter Zeit zwang ich mich zu denken: *Stell dich darauf ein, vielleicht klappt es nie. Du wirst vielleicht keine Kinder haben.* Welchen Sinn sollte ich meinem Leben bloß geben? Mein Vater schlägt am Telefon immer in dieselbe Kerbe: »Bis zu welchem Alter lässt du es noch auf einen Versuch ankommen?« Damit will er sagen: »In welchem Alter wirst du dich endlich damit abfinden?« Er leidet mit mir, er spürt sehr wohl meinen Wunsch, aber Pragmatismus und Spott gewinnen bei ihm oft die Oberhand.

Er wagt es nicht, mir die sehr persönliche Frage zu stellen: Wie weit willst du gehen?

Damals wusste ich es noch nicht. Ich hatte gehofft, dass dieser Wunsch nicht zur Besessenheit werden würde, aber es stimmt, in den letzten Monaten konnte ich an keinem Kinderwagen mehr vorbeigehen, ohne dass es mir innerlich einen tiefen Stich versetzte. Ich sah sie überall.

Selbst wenn ich ein Mann gewesen wäre, hätte ich Kinder haben wollen. Das ist nicht bloß Weiberkram. Ein Kind zu wollen. Sich darum zu kümmern. Es zu erziehen, selbstständig werden zu lassen. Ich habe mich gefragt, warum ich kein Recht haben sollte auf diese Mutterschaft, auf diese Reife, überzeugt davon, dass ich durch das Muttersein endlich erwachsen werden würde. Auch wenn die Mutterschaft natürlich keine Reife garantiert und umgekehrt. Wenn unser Körper das zeugungsfähige Alter erreicht, ist unser Verstand noch weit von der Schwelle der nötigen Reife entfernt, um ein Kind angemessen zu lieben. Es zu lieben, ohne es mit den eigenen Sorgen zu belasten, die wir letztendlich (manchmal zu spät) sowieso über Bord werfen. Und wenn wir endlich alles, was uns daran hindert, den anderen zu lieben, zum Teufel gejagt haben, weil wir uns endlich selbst lieben, dann streikt unser Körper. Das optimale Zeitfenster, in dem die beiden Reifegrade zusammenfallen, ist ziemlich eng.

Was könnte mit mir bloß nicht stimmen? Keine Vorerkrankungen in meiner Familie.

Hatte ich etwa nicht genug Lebenskraft?

Ein Austausch mit meiner ehemaligen Psychoanalytikerin einige Monate zuvor:

»Haben Sie den Beipackzettel gründlich gelesen?«

Ich habe gerade einen Schwangerschaftstest gemacht, weil ich Zweifel habe, weil ich es so sehr hoffe. Er ist negativ.

Ich: »Nein ...«

Sie: »Dann sind Sie wirklich noch nicht bereit!«

Ich: »Wieso? Ich habe einfach drauf gepinkelt. Gibt es dafür etwa eine Gebrauchsanweisung?«

Diese etwas grobe Antwort hat sie sich verdient, mir gefällt ihre Herablassung nicht. Stille. Ich denke: *Bereit wozu? Was will sie mir damit sagen?*

Minuten verstreichen.

Sie: »Ja?«

Ich: »Moment, ich überlege gerade, ob ich nicht ein für alle Mal Ihre Praxis verlassen werde.«

In gegenseitigem Einvernehmen beenden wir die Sitzung, sagen aber trotzdem »bis in drei Wochen«. Die Winterferien gehen vorüber, ich komme noch einmal wieder, um mich endgültig zu verabschieden.

Die Trennung war ein bisschen abrupt, aber ich hatte den Eindruck, am Ende eines weiteren Zyklus angelangt zu sein, der darin bestand, die Orte zu erkennen, wo man nicht weiterkommt, und warum. Immerhin haben wir vier Jahre gut zusammengearbeitet. Besonders gefiel mir ihre Theorie, nach der meine Mutter genau zu dem Zeitpunkt gestorben sei, als ich mir ihr Verschwinden wünschte, wie alle kleinen Mädchen, um meinen Vater heiraten zu können und einen gewöhnlichen oder (ausufernden) Ödipuskomplex zu befriedigen, und ich deshalb für den Rest meines Lebens Schuldgefühle hätte und dementsprechend nichts oder sehr wenig unternehmen würde, aus dem Gedanken heraus, keine Freude zu verdienen. Das wirkt jetzt vielleicht, als würde ich es auf die leichte Schulter nehmen, aber in dem Augenblick, als ich dort lag, habe ich sehr geweint. Es war etwas Wahres dran.

Bei dieser Theorie gab es auch ein Yang, dem ich wohl

zustimmen musste. Zur Schuld kommt ein Gefühl der All-
macht hinzu, da ich mir nur etwas wünschen muss (den Tod
meiner Mutter), damit es passiert. Was wiederum meine Un-
tätigkeit und meinen generellen Widerwillen, mich anzu-
strengen, unterstreicht.

Genug davon, das Maß ist voll.

2006

Manchmal mache ich merkwürdige Bekanntschaften. Wie mit Gilbert Schlogel, einem Gynäkologen und Geburtshelfer, der 1977 in der Gemeinde Gassin im Var praktizierte, wo ich geboren bin. Ich erinnere mich so gut daran, weil er mir sein Buch geschenkt hat. Ich habe es aufbewahrt, aber nicht gelesen. Jetzt ziehe ich es aus dem Regal, um den Titel richtig abzutippen und die Schreibweise seines Namens zu überprüfen. An die Widmung konnte ich mich noch erinnern, ich habe mich allerdings beim Jahr geirrt. Wir begegnen uns im März 2007. Während einer Gastspielreise verbringe ich eine Woche in Aix-en-Provence.

Eines Abends vor der Aufführung bekomme ich einen Blumenstrauß mit einer Karte, die ich noch irgendwo in meinen Unterlagen haben muss.

Auf der Karte steht Folgendes:

»[…] sehr stolz, der erste Mann gewesen zu sein, der Sie im Arm gehalten hat.«

Diese unvergessliche Formulierung verblüfft mich und macht mich neugierig.

Seine Frau begleitet ihn, und ich glaube, es sind auch ein paar Freunde von ihnen dabei. Nach dem Stück gehen wir alle gemeinsam essen. Ich stelle ihm keine Fragen zu meiner Geburt, ich nehme an, er erinnert sich sowieso nicht an Einzelheiten (und außerdem sitzen wir gerade am Tisch, da kann ich ihn schlecht fragen, ob die Blutung stark war oder ob ich sehr blau war, als ich auf die Welt kam). Ich weiß nicht mehr, ob er spontan davon erzählt, und auch nicht, was er genau sagt.

Ich erinnere mich nur daran, ihm am Tisch gegenüberzusitzen, etwas verlegen und aufgeregt in dem sympathischen, aber lauten Ambiente der Brasserie *Les Deux Garçons* auf dem Cours Mirabeau.

Nach dem Essen schenkt er mir sein Buch.

Victoire ou la Douleur des femmes erzählt laut der Beschreibung auf dem Buchumschlag die Geschichte von Victoire Dambreville, einer der ersten Gynäkologinnen in Frankreich Anfang der 1940er Jahre. Auf dem Cover der Ausgabe von *Le Livre de Poche* ist Marie Trintignant zu sehen. Ihre Mutter Nadine Trintignant hat die Geschichte gemeinsam mit ihrer Tochter in der Titelrolle für das Fernsehen adaptiert. Auf dem Umschlag steht auch, dass Victoire Dambreville ihr ganzes Leben lang für das Recht der Frauen auf Verhütung und Abtreibung gekämpft hat.

Am 5. April 1971 veröffentlichte *Le Nouvel Observateur* auf der Titelseite »die Liste der 343 Französinnen, die den Mut haben, das Manifest ›Ich habe abgetrieben‹ zu unterschreiben«. Die Frauen riskierten Strafverfolgung, die bis zur Gefängnisstrafe reichen konnte, da Abtreibung in Frankreich damals illegal war.

Nur zwei Monate später, im Juni 1971, sammelte das deutsche Wochenmagazin *Stern* im Rahmen desselben Projekts 374 Unterschriften, darunter auch die meiner Mutter.

Vier Jahre später wird das Gesetz *Loi Veil* verabschiedet, mit dem der Schwangerschaftsabbruch in Frankreich für straffrei erklärt und legalisiert wird.

Ich kann nichts dazu finden, wann auf der anderen Seite des Rheins ein gleichwertiges Gesetz verabschiedet wird.

Juli 2017

Jetzt bin ich also im ersehnten Zustand. Ich bin ein Känguru. Es ist warm, der Sommer ist da. Bald feiere ich meinen vierzigsten Geburtstag. Ein Überraschungsgeschenk. Wenig Stoff am Körper, vor allem den Bauch will ich sehen und zeigen. Es sind erst ein paar Wochen vergangen, und ich lege ständig die Hand auf den Bauchnabel.

Es ist noch viel zu früh, ich sehe nur aus, als läge mir das Mittagessen noch im Magen.

Ich lasse den empfohlenen Zeitraum der ersten Wochen verstreichen, in dem noch alles passieren kann, eine Fehlgeburt zum Beispiel. Dann rufe ich Didier Long an, verkünde ihm, dass die Natur für uns arbeiten wird. Die Garderobiere Florence muss sich nicht an der Nähmaschine abmühen, um mithilfe von Watte und Baumwollstreifen einen falschen Bauch anzufertigen. Ich befürchte, dass er mich entlässt, dass mein Zustand zu kompliziert zu handhaben ist für die Versicherungen. Ich entschärfe die Situation, scherze ein bisschen herum, damit er die Neuigkeit als Vorteil für seine Inszenierung versteht. »Wie du siehst, nehme ich die Rolle sehr ernst, ich treibe die Professionalität bis zum Äußersten. Mit mir hast du die richtige Wahl getroffen, ich wusste es noch nicht, als du mich angerufen hast, aber ich bin in denselben Umständen wie Jeanne Hébuterne.« (Zu diesem Zeitpunkt weiß ich noch nicht, dass auch ich eine Tochter erwarte.)

Er behält mich.

Ich fahre ans Mittelmeer, ich frage mich, welche Wirkung die Wassertemperatur wohl auf dich hat, auf das Baby. Ich weiß noch gar nichts. Nichts über die verschiedenen Schwangerschaftsstadien. Nichts darüber, was im Inneren vor sich geht. Ich informiere mich grob. Danke, modernes Zeitalter, ich lade mir eine App herunter, die mich Woche für Woche über dein Wachstum informiert. Mir gefällt diese Unklarheit. Nicht alles zu wissen, das Beste genauso wenig wie das Schlimmste, darüber, was in solchen Fällen alles passieren kann. Tausende Frauen vor mir sind da schon hindurchgegangen. Alles, was man wissen muss, wird von Mund zu Ohr weitergegeben. Nur das Notwendigste.

Ich frage meine Großmutter väterlicherseits, wie »die Dinge« bei ihr gelaufen sind. Was hat sie ihre eigene Mutter gefragt? Was hat sie erfahren?

»Ach, weißt du, meine Liebe, damals hat man über diese Dinge nicht gesprochen …«

Monique Biasini, geborene Pierre, am 5. Dezember 1931 auf die Welt gekommen, im Krankenhaus Cognacq-Jay in Paris, 15. Arrondissement. Heute neunundachtzig Jahre alt, so groß wie ein Dreikäsehoch, nichts auf den Rippen und ein vor Liebe für mich überschäumendes Herz. Meine Mutter-Großmutter.

Ihr stelle ich die Frauenfragen, die Fragen einer zukünftigen Mutter. In ihrem Arm bin ich aufgewachsen, und hier kann ich jederzeit wieder Kind sein.

Sie raucht in der Küche mit weit aufgerissenen Fenstern. Im Vergleich zu den Neunzigern schlägt sie heute einen deutlich langsameren Takt an. Dreißig Jahre lang hat sie die roten Rothmans geraucht, eineinhalb Packungen am Tag. Danach kamen Benson & Hedges, die goldenen, das sind, glaube ich, die stärksten. Wenn ich ihr vorwerfe, zu viel zu qualmen, entgegnet sie: »Ich habe doch erst mit vierzig angefangen, meine Liebe!«

Ein deutlicher Fortschritt seit einigen Jahren, fünf bis sechs weiße Omé, eine neue Marke, ultralight, Slim-Zigaretten, von denen sie niesen (!) muss. »Weißt du, meine Liebe, wir reagieren ja alle unterschiedlich, deshalb bin ich jetzt auf Marlboro Lights umgestiegen.« Mea culpa, ich muss eine meiner Packungen bei ihr in der Wohnung vergessen haben.

Während ich auf dem Sofa sitze und schreibe, höre ich, wie sie sich hinter der Küchentür bewegt, die sie gerade zugezogen hat. Wahrscheinlich raucht sie ihre zweite Zigarette des Tages, es ist 9 Uhr 50. Ihr Ernährungsplan ist ebenfalls bemerkenswert. Wurst, Vollmilchschokolade mit Haselnüssen, Brote mit Salzkristallbutter aus Guérande. Diese Kombination aus Tabak und Lebensmitteln, ihre neunundachtzig Jahre und achtunddreißig Kilo machen sie in unseren Augen zu einem Übermenschen. Einem Vorbild für uns alle.

Sie ist sehr hübsch und hat Ähnlichkeit mit der amerikanischen Schauspielerin Lee Remick, nur noch herzlicher und mit haselnussbraunen Augen. Jetzt widmet sie sich wieder ihren täglichen Aufgaben, die sie auf den Beinen halten (oder in der Hocke, je nachdem, der Staubsauger, verstaubter Nippes).

»Verstehst du, ich will keine Putzfrau, so bewege ich mich wenigstens, sonst hätte ich ja gar nichts zu tun.«

Das stimmt nicht, sie kümmert sich um alles, und zuallererst sorgt sie sich um ihre Kinder und Enkelkinder. Ihren ältesten Sohn Daniel, meinen Vater, ihren Jüngsten, Charles, meinen Onkel, und ihre zwei anderen Enkelinnen Alexandra und Daniela. Sind wir glücklich? Haben wir unsere Melancholie im Griff? Haben wir genug Geld, um gut zu leben?

Ihr blieb keine Zeit, sich ihre Söhne zu wünschen, trotzdem war ihr Mutterinstinkt sofort geweckt.

1948 lernt sie Maschinenstenografie in einer Schule in der Straße des 4. September in Paris. Da ist sie siebzehn Jahre alt. Sie lebt bei ihren Eltern in Colombes im Departement Hauts-de-Seine, zusammen mit ihrem älteren Bruder und ihrer jüngeren Schwester. Ihre Samstagabende verbringt sie im Cadran, im Tanzlokal von Colombes, wo sie einen Italiener kennenlernt, Bernard, zwei Jährchen älter als sie, aber hübsch genug, dass sie von ihm schwanger wird. Schneller, als irgendwer schauen kann. Ein Jahr später, 1949, erblickt mein Vater das Licht der Welt. Vier Jahre nach Kriegsende. Sie sind nicht verheiratet und erst recht nicht in dem Alter, Kinder zu haben. Die Neuigkeit wird von den beiden Familien nicht besonders gut aufgenommen. Doch neun Monate später schmelzen sie beim Anblick meines Vaters als pausbäckiges Baby alle förmlich dahin. 1957 kommt dann ihr zweiter Sohn Charles auf die Welt.

Ich habe eine Sonderstellung. Ich bin ihre erste Enkeltochter und gleichzeitig auch ihre Tochter. Meine Großmutter wird 1982 zum dritten Mal Mutter, in dem Jahr, ab dem sie mich wie ihre eigene Tochter lieben wird. Da ist sie einundfünfzig Jahre alt. Ich werde bald fünf. Meine Mutter ist gerade gestorben. Monique mobilisiert alle Kräfte. Selbstverständlich setzt sie ihre Energie (und ihren Mutterinstinkt) für dieses zur Hälfte verlassene Kind ein. Sie sieht es als ihre Pflicht an, mich zu beschützen, den kleinsten Schmerz fernzuhalten, jeden Verlust auszugleichen. Hinzu kommt ihr schier unendliches Verantwortungsgefühl. Ein Versprechen, das sie meiner verstorbenen Mutter vielleicht im Stillen gegeben hat, um diesem Augenblick etwas Würdevolles zu verleihen. Um der neuen Last, die ihr zufiel, einen Sinn zu geben, mich anstelle derjenigen, die fortgegangen waren, zu lieben, neben ihrer natürlichen Zuneigung zu mir. Für drei zu lieben, für vier, für zehn, und von vornherein zu wissen, dass sie dazu in der Lage sein würde. Sie hat alle nötigen Ressourcen, ihr Brunnen mütterlicher Liebe versiegt nie.

Ich sehe uns wieder, sie und mich in meiner Jugend, auf dem Sofa sitzen vor irgendeinem Programm. Sie schaut jedoch nicht den Fernseher an. Sie schaut mich an, minutenlang wandert sie hin und her. Der Fernseher, ich, ich, der Fernseher. Ich spüre ihren Blick. Ich sage zu ihr: »Hör auf, Oma! …« Ich verstehe dieses Übermaß an Liebe, das sie dazu bringt, mich anzustarren. Nehme es ihr nicht übel, spüre schon da, dass es ein unschätzbares Glück ist, so geliebt zu werden. Ich lege den Kopf in ihren Schoß. Monique hätte Romain Gary oder Albert Cohen als Inspiration dienen können.

Daniel, mein Vater, wird kein Buch über seine eigene Mutter schreiben, aber ihre Vertrautheit ist offensichtlich. Schon im Alter von fünf oder sechs Jahren tröstet er sie, wenn sie erschöpft aussieht, denn für Hausfrauen sind es damals harte Zeiten, und Bernard arbeitet viel, dann schlägt er vor, mit ihr allein zu einem Abenteuer aufzubrechen, sie beide zusammen, wohin sie möchte. Jahre später, inzwischen ist er achtzehn, sitzen sie im Auto, mein Vater fährt ein bisschen zu schnell. Die Polizei hält sie an. »Mama, hast du die Fahrzeugpapiere?« Die Polizisten sind völlig fassungslos: »Was? Das ist Ihre Mutter?! Sie machen wohl Witze!« »Mama, du hast nicht zufällig das Stammbuch dabei?« Zwischen ihnen liegen nur achtzehn Jahre, aber nicht allein der Altersunterschied bringt sie einander so nahe.

Er vertraut sich ihr wie selbstverständlich an, wendet sich an sie, als ihm die Vaterrolle einige Monate vor meiner Geburt Sorgen bereitet. Sie verstehen sich gut. Dafür brauchen sie keine großen Worte. Sie sprechen ungezwungen miteinander. Wenn ich über den einen oder die andere eine Vermutung äußere, muss ich mir von beiden Seiten dasselbe anhören: »Nein, meine Liebe, ich kenne meinen Sohn«, »nein, Liebes, ich kenne meine Mutter«. Damit haben sie recht.

Meine Mutter mag diese Verbundenheit, sie liebt ihre Schwiegermutter und fühlt sich ebenso geliebt. Sie trifft auf eine vereinte Familie. Für sie ist Monique eine gefühlvolle Frau, die Mutter des Mannes, den sie liebt, einer der Gründe, weshalb dieser Mann so charmant, aufmerksam ist. Und Monique ist eine Mutter, die den neuen kleinen Jungen in der Familie, David, den Sohn ihrer Schwiegertochter, von Beginn an liebt.

Für meine Mutter ist meine Großmutter eine Verbündete, eine Vertraute bis zum Schluss. Schließlich liegen nur sieben Jahre zwischen ihnen.

Ich denke wieder an die Geschichte, die mir mein Vater erzählt hat, die Geschichte über meine Mutter in einer Telefonzelle am Hafen von Calvi im September 1975.

Meine Eltern verlängern ihren Urlaub.

Meine Mutter ruft zu Hause in Paris an, um zu hören, ob alles in Ordnung ist. Die deutsche Kinderfrau, die sich während der Abwesenheit meiner Eltern um David kümmert, teilt meiner Mutter mit, dass Luchino Visconti versucht habe, sie zu erreichen. Durch den Hörer küsst sie meinen Bruder, legt auf, wirft noch ein paar Münzen nach und redet auf Italienisch weiter.

Visconti erklärt ihr sein neues Filmprojekt mit ihr und Alain (Delon). Es tue ihr leid, sie könne nicht mitmachen, sie sei schwanger.

Mein Vater zieht die Augenbrauen weit in die Höhe, er hat nichts davon gewusst, auf diese Art erfährt er es. Sie selbst ist sich noch gar nicht sicher, aber hat es einfach entschieden, prescht vor. Jetzt oder nie, sie ist siebenunddreißig Jahre alt. Sie sind verliebt, auf einer Insel, ganz allein auf der Welt. Sie sind für den Sommer, für das Mittelmeer gemacht. Hier haben sie sich beim Tauchen zum ersten Mal geküsst. Ich frage mich, ob ich diese Art von Liebe kennenlernen werde. Bei ihnen verstehe ich die Leidenschaft. Ich idealisiere ihre Gefühle. Bleibe das kleine Mädchen, das seine Eltern voller Bewunderung sieht, als zwei Menschen, die es verstanden haben, sich zu lieben und zu leben. Sie zeigen mir die Liebe. Eines Tages sollte ich nicht schweren Herzens nach Ramatuelle zurückkehren, wo ich geboren wurde, wo wir alle glücklich zusammengelebt haben. Die Erde bebt dort für mich.

1. August 2017

Ein Mädchen, du wirst ein Mädchen. Zweite oder dritte Ultraschalluntersuchung, ich weiß es nicht mehr genau. Das behalten wir in Erinnerung, Gilles und ich, in der Arztpraxis in der Avenue de l'Opéra. Wir wollten es unbedingt wissen. Ich wusste es. Ich schwöre es. Ich habe es mir mehr als alles andere gewünscht. Wäre es ein kleiner Junge gewesen, hätte ich ihn mit all meiner Kraft geliebt, aber ich wollte gerne eine Tochter. So ist es eben. Es trifft sich gut.

Ich wollte so sehr eine Tochter, dass ich mir sicher war, man würde sie mir geben. »Man?« Wenn man die Umstände bedenkt, wie ich schwanger geworden bin, lag es für mich nahe, einfach alles zu verlangen. Ich habe es nicht ausgesprochen, aber intensiv daran gedacht. Ich habe bekommen, was ich wollte.

Ich war immer davon überzeugt, dass das Geschlecht der Kinder vom Charakter der Mutter abhängt, die sie in sich trägt. Wenn es eine Mutter ist, die Frauen liebt, die keine Angst vor ihnen hat, ganz im Gegenteil, eine Frau, die ihr Geschlecht schätzt und es hochhält, wird sie ein Mädchen haben.

Wenn sie einen Jungen hat, dann deshalb, weil sie den Vater die Oberhand übernehmen lässt, ohne dass es sie stört, ihr eigener männlicher Teil ist genauso wichtig und akzeptiert. Gibt man einer Frau wie mir die Möglichkeit, schwanger zu werden, wird sie unweigerlich ein Mädchen bekommen. Das Kind wiederfinden, das sie einmal war. Die Mutter wiederfinden, die sie verloren hat, und ihren Platz einnehmen. Noch ein magischer Gedanke. Du bist nicht zufällig gekommen, ich habe nicht zufällig ein Mädchen auf die Welt gebracht.

Ein Mädchen haben, das ich stundenlang frisieren kann, dabei vergesse ich, dass mir die Zeit damals sehr lange vorkam, wenn das Kindermädchen oder meine Großmutter, die eine oder die andere oder manchmal beide gleichzeitig, mit dem Kamm in der Hand hinter mir standen, ohne sich von der Stelle zu rühren.

Seit ich die Ultraschallaufnahme bekommen habe, fallen mir überall Fotos auf.

Die Schubladen bei Monique und Bernard quellen über. Die Kommoden brechen fast zusammen unter dem Gewicht der eingerahmten Aufnahmen.

Ein Schatz in Farbe oder Schwarz-Weiß. Dias und Kontaktabzüge. Mein geliebter Onkel Charles, nur zwanzig Jahre älter als ich, seine Leica über der Schulter, klickt wie er atmet, wir müssen als Modell herhalten. Er folgt uns überallhin. Dank ihm halte ich ein ganzes Werkverzeichnis in den Händen. Die Fotos riechen nach Sonne, Paris, den siebziger Jahren, altem Papier. Monique bewahrt alles auf. Was für ein Glück.

Mir wird bewusst, wie wichtig das Drucken auf Papier ist, das Festhalten der Erinnerung, wie wichtig es ist, Spuren zu erhalten, unsere Gesichter altern zu sehen. Die Freude einzufangen, die Schönheit, sie einzurahmen, zu Hause auszustellen.

Auf diesen Fotos sehe ich die Liebe meiner Mutter. Ich sehe mich noch, wie ich ihre Augen auf dem Film fixiere, ihre Augen, die das Objektiv, die mich fixieren.

Ich betrachte sie sekundenlang. Ich könnte behaupten, dass ich Gespräche zwischen uns erfinde, aber das stimmt nicht. Nur ich spreche. Ich bewege leicht den Kopf von rechts nach links, als wolle ich zu ihr sagen: *Mal ehrlich … Mal ehrlich, du bist so schön, es nervt so, dass du nicht mehr da bist, ehrlich! …* Ich brülle sie an, um sie leichter zu lieben. Ich lasse sie fallen, um sie zu halten. Ich entmystifiziere sie, um sie menschlicher zu machen. Sie menschlicher zu machen, um sie auferstehen zu lassen.

Im Schlafzimmer meiner Großeltern, bei denen ich aufgewachsen bin, steht ein gerahmtes Foto von meinem Bruder auf der Kommode. Ein anderes, fast identisches Porträt von ihm befindet sich im Wohnzimmer. Ein Foto von meiner Mutter und meinem Bruder auf dem nächsten Möbelstück und ein bisschen entfernt davon noch eins von meinen Eltern. Große und kleine Fotos, hübsch eingerahmt, überall verstreut. Mitten unter uns.

Diese Fotos stehen zwischen all den anderen Familienfotos. Niemand hat bestimmt, dass wir vor diesen Porträts niederknien sollen. Aber es ist auch niemandem in den Sinn gekommen, diese Fotos nicht zwischen die anderen zu stellen, oder sie wegzunehmen mit der Begründung, dass die fotografierten Personen nicht mehr hier sind.

Ich frage mich immer, ob unsere Blicke zufällig auf sie fallen.

Wer von uns, die wir dauerhaft oder gelegentlich in der Wohnung leben, weicht ihnen mit dem Blick aus oder bleibt bewusst an den gedruckten Erinnerungen hängen. Wenn wir allein sind oder vor den anderen? Wie lange, nur ein paar Sekunden? Lange genug, um im Vorbeigehen *Hallo* zu sagen, oder länger?

Die 1990er Jahre

Ich finde die VHS-Kassetten nicht mehr, die Amateurfilme, die wir unter uns, in der Familie gedreht haben. Zu viele Umzüge.

Das Kino bietet mir den Klang der Stimme und das bewegte Gesicht meiner Mutter, ihren Ausdruck, ihr Erstaunen. Gefilmte und archivierte Interviews.

Doch die Schauspielerin interessiert mich immer noch nicht.

Die Worte, die sie auf der anderen Seite des Bildschirms ausspricht, sind nicht an mich gerichtet, und erst recht nicht ihre eigenen. Sie spricht mit allen, und alle glauben, sie zu verstehen.

Das Kind amüsiert sich darüber, wie wichtig seine Mutter ist. Wichtig genug, um in einem Film zu sein. Meistens ist es ein Film, in dem sie alle lieben und bewundern. Ich verstehe sehr wohl, dass sie eine Figur spielt, bewundere nur ihre Schönheit und suche nach dem, was mich mit dieser Frau verbindet, die mich zur Hälfte gezeugt hat.

Kinder machen sich über die Berufe ihrer Eltern lustig. Doch man muss sich mit dem zufriedengeben, was man hat. Über die *Sissis* muss ich als kleines Mädchen natürlich lachen, aber die Frau interessiert mich, als sie in dem Alter ist, in dem sie meinen Vater heiratet, meine Mutter wird, in dem unsere

Geschichte beginnt. Meine Großmutter und Nadou, mein Kindermädchen, warten einige Jahre, bis sie mir die »reiferen« Filme zeigen.

Wie viel von sich selbst bringt sie ein, wenn sie Marianne (*Der Swimmingpool*) spielt, Rosalie (*César und Rosalie*), Hélène (*Die Dinge des Lebens*), Clara (*Das alte Gewehr*), Marie (*Eine einfache Geschichte*)?

Ab und zu setzen sich Nadou oder Monique zu mir, verschwinden zwischendurch, um andere Dinge zu erledigen, kommen wieder zurück. Sie sehen nach, ob es mir gut geht, ob ich das Ansehen der Filme verkrafte. Ich mag den Respekt dieser beiden Frauen, die mich lieben und erziehen. Wie sie Abstand halten, wie sie sich zurückziehen. Niemand will den Platz der Mutter einnehmen. Einfach da sein, lieben. Bernard hält es genauso.

Diese Filme habe ich am häufigsten gesehen, hin- und hergerissen zwischen Angst, Befangenheit und Faszination. Für meine Schaulust schämte ich mich. Meine Trauer machte mir Angst. Ihr Gesicht, ihre Stimme und unsere Blutsverwandtschaft faszinierten mich. Auch heute noch, wenn ich mir selbst zuhöre, werde ich rot, kauere mich zusammen und staune.

Mein Vater kann sich die Filme nicht ansehen, weder allein noch mit mir zusammen. Die Stimme der Mutter seines einzigen Kindes zu hören kommt für ihn, so stelle ich es mir vor, einer heftigen Ohrfeige gleich.

Wenn der Tod einen daran hindert, jemanden kennenzulernen, sucht man deshalb noch lange nicht nach dem, was man nicht weiß. Man lässt die Stelle leer.

Man schleicht um das herum, was einem bekannt ist. Mag es noch so wenig sein.

Ich sehe mir nicht alle Filme an. Ich will nicht alles wissen.

Was ich von den Toten nicht erfahren konnte, werden mir die Lebenden auf ihre Weise mitteilen.

Das wird nicht immer ausreichen. Also muss man auf sein zelluläres Gedächtnis setzen.

Ich habe gehört, man muss nicht alles über das Leben seiner Eltern wissen, weil es nichts bringt. Das kommt mir gelegen, es ist also kein Nachteil, ich kann mein Leben fortsetzen. Ich beruhige mich, so gut ich eben kann.

Letztlich hat man aber doch immer das Bedürfnis, zu wissen. Oder leidet darunter, nicht zu wissen. Der Mangel an Wissen wird zum Problem. In meinem Fall überschüttet mich die Außenwelt so sehr mit Details, Theorien, Hypothesen, dass sie mich damit in die Flucht schlägt. Von allen Seiten dringen Informationen auf mich ein. Ich will nichts mehr davon hören.

Dann sind da noch all die unaussprechlichen Dinge. Die unbeschreiblichen Gefühle, die schon so lange zurückliegen. Ich habe den Instinkt eines Foxterriers entwickelt oder irgendeines anderen Tiers, das in der Lage ist, etwas zu wittern, das mit dem bloßen Auge nicht sichtbar ist. Eigentlich gehört die Abwesenheit nicht dazu. Eine verborgene Verbindung existiert. Ein Raum aus wilden Landschaften, Rudelgeheul, verbindet uns eng miteinander. Wir beide, sie und ich, leben in diesem Raum.

Eine Tochter braucht nicht viele Jahre Erfahrung, um die eigene Mutter zu kennen. Ich rede mir das nicht ein, ich weiß es.

Das ist kein Thema für eine Doktorarbeit, das ist meine Mutter. Ich kann immer dorthin zurückkehren, wenn ich will. Ich fühle mich zu nichts verpflichtet. Es wäre seltsam, wenn ich meine Zeit damit verbringen würde, sie anzusehen.

Wenn einmal nur noch ein Bildschirm vor mir steht, kein Körper mehr zum Berühren, keine Haut zum Küssen, werde ich dem Fernseher direkt einen Tritt verpassen.

Weitere Fotos. Diesmal draußen. Unter anderen Leuten, unter Unbekannten, auf öffentlichen Plätzen. Ich erinnere mich noch, wie ich in einem *Relais H* an irgendeinem Bahnhof stand. Diese Verkaufsstellen von Informationen aller Art habe ich schon immer gemocht, wo die Schlagzeilen, die Titelblätter der täglich, wöchentlich, monatlich, zweimonatlich, vierteljährlich erscheinenden Ausgaben gleich auf der ersten Seite alle aktuellen Trends aufzeigen, die politischen, wirtschaftlichen, gesellschaftlichen, dekorativen, modischen und so weiter und so fort. Das Tableau einer Epoche. Meiner Epoche.

Meine Aufmerksamkeit wird auf das Titelblatt einer Zeitschrift gelenkt, dort, etwas weiter hinten im Regal, in meinem Blickfeld, ein Foto, das ich in- und auswendig kenne.

Die Fotogenität des Modells auf dem Cover der Kinozeitschrift zieht mich an wie ein Magnet. Was für eine unglaubliche Schönheit. In einem solchen Maße, dass es surreal wirkt. Das sage nicht nur ich als Tochter. Ist das wirklich meine Mutter auf dem Titelblatt der Zeitschrift? Ich kann es immer noch nicht fassen.

Das Foto von ihr wurde bei den Dreharbeiten zu *Der Swimmingpool* unter der Regie von Jacques Deray 1968 aufgenommen. Sie ist die Hauptdarstellerin, die drei anderen Protagonisten werden von Alain Delon, Maurice Ronet und Jane Birkin gespielt. Die Geschichte und die Dreharbeiten finden in Saint-Tropez oder in der Nähe von Ramatuelle im Hochsommer statt. Eine Geschichte über Liebe, Eifersucht und Rache. Die Haut meiner Mutter ist auf diesem Foto sonnenverwöhnt, veredelt von der Beleuchtung von Jean-Jacques Tarbès. Man erahnt, dass sie ein grünes Kleid trägt, das kann ich bestätigen, da wir, ich und Tausende andere, den Film gesehen haben.

In der Szene, in der dieses Foto geschossen wurde, sieht man ihre Figur auf einer Party in dem gemieteten Ferienhaus (ein Haus mit Swimmingpool natürlich), wie sie zwischen den Statisten und anderen Figuren herumschlendert.

Auf dem Foto ist sie bestimmt noch viel hübscher als sonst, so sehr liebt sie (meine Mutter, nicht die Schauspielerin oder die Figur) die Dörfer im Süden Frankreichs. Ihr gefällt es hier so gut, dass sie sich einige Jahre später mit meinem Vater und meinem Bruder hier niederlässt und geduldig auf meine Geburt wartet.

Ich bin in diesem *Relais H* und traue mich nicht, mir die Zeitschrift anzusehen. Ich will nicht, dass man mich dabei ertappt, wie ich reglos, niedergeschlagen vor diesem Foto stehe.

Ich, ihr eigenes Fleisch und Blut, habe ihre Bekanntheit schon vor Ewigkeiten verinnerlicht, aber ich möchte immer noch, dass sie mir allein gehört. Dass niemand anderes sie anschaut, beim Namen nennt, behauptet, sie zu kennen, über sie schreibt oder, schlimmer noch, denselben Vornamen hat wie sie. Am liebsten würde ich mich auf den Haufen Zeitschriften setzen, in denen sie abgebildet ist, und sie so vor den Blicken der restlichen Welt verbergen.

Dabei hat sie mich erst mit neununddreißig Jahren bekommen. Sie hat also ein ganzes Leben vor mir verbracht. Ich kann kein Exklusivrecht beanspruchen. Ich bin gezwungen, sie mit Unbekannten zu teilen. Und das hat schon lange vor meiner Geburt angefangen. Mein elf Jahre älterer Bruder hat vor mir dasselbe gespürt. Wir haben uns angepasst. Ich sehe nach, wann die Ausgabe dieser Kinozeitschrift erschienen ist. Mai 1987. Das erscheint mir sehr früh. 1987 war ich gerade einmal zehn Jahre alt. In meiner Erinnerung (mein Gehirn trifft diese Auswahl) bin ich jedoch allein am Bahnhof. Doch das ist unmöglich, denn damals wurde ich keine Sekunde aus den Augen gelassen. Vielleicht handelt es sich auch um ein anderes Foto, um eine andere Zeitschrift. Es gab so viele. Nicht so wichtig.

Schließlich lösche ich alle unbrauchbaren Fotos von meinem Handy. Die Landschaftsbilder, die Notizzettel. Ich schaffe Platz. Ich sortiere aus, werfe weg, trenne mich von so vielem wie möglich aus meinem früheren Leben. Als könntest du mir durch meine Rolle als Mutter eine neue Identität geben. Wie wenn man in ein fremdes Land reist. Man trifft Unbekannte, ist selbst eine Fremde in deren Augen. Also kann man sein, wer man möchte. Eine andere Person mit mehr Abenteuergeist, Mut, Stärken. Weniger Schwächen. Damit ich dir mit gutem Beispiel vorangehe. Unsere kleinen Handlungen verschwinden, um Platz zu schaffen für die zukünftigen großen. Kinder bieten ihren Eltern die Gelegenheit, ihr Leben in die richtige Bahn zu lenken. Du bist meine Reise ins Ausland. Dein Vater flüstert mir zu: »Du wirst nicht mehr die Tochter deiner Mutter sein, du wirst die Mutter deiner Tochter sein.«

Dem ist nichts hinzuzufügen.

2007

Wir lernen uns kennen, Gilles und ich. An diesem Abend gehe ich mit einer anderen Schauspielerin, mit der ich vor kurzem zusammen gedreht habe, essen (oder ins Theater, das weiß ich nicht mehr so genau). Wir waren uns auf Anhieb sympathisch. Nach dem Essen (oder dem Stück): »Ich bin gleich noch zu einer Party eingeladen, magst du mitkommen?« Die Frage treibt mich in die Enge und verlangt meinem kontaktscheuen Charakter einiges ab.

Eine Party in einer Wohnung. Schauspieler, Regisseure, Bühnentechniker. Die Stimmung ist recht gesellig. Ich habe noch deutlich den Eingangsbereich der Wohnung vor Augen, in der die Party stattfindet. Ein ziemlich breiter, langer Gang mit einer hohen Decke.

Ich erinnere mich an einen großen Raum, ein Wohnzimmer, ich weiß nicht mehr, ob die Küche auch darin übergeht, eine verchromte Wendeltreppe in der Bauart der siebziger Jahre praktisch mitten im Zimmer, dein Vater auf einem weißen Sofa, eine helle Farbe jedenfalls, ich neben ihm.

Ein Gespräch beginnt. Ich danke ihm insgeheim, dass er mir Gesellschaft leistet, ich kenne hier niemanden. Während dein Vater mit mir spricht oder mir Fragen stellt, ich weiß es nicht mehr, beobachte ich die anwesenden Leute, alle in lebhafte Unterhaltungen vertieft, und mittendrin ich selbst, wie ich vergeblich versuche, entspannt auszusehen. Als ich aufbrechen will, folgt mir dein Vater in den Eingangsbereich und fragt, unter welcher Nummer ich zu erreichen bin. Ich erinnere mich an mein Erstaunen, das ich mir, glaube ich zumindest, in diesem Moment nicht anmerken ließ. Wahrscheinlich gab es eine kurze Pause, ehe ich ihm antwortete. Ich dachte: *Was will er denn mit der Nummer?* Er hatte mir gegenüber überhaupt keine Andeutungen gemacht, dass er mich anmachen wollte. Ich umgekehrt genauso wenig. Inzwischen weiß ich, dass er ein schlechter Aufreißer ist, das ist nicht sein Ding.

Zwischen diesem Abend und unserer ersten gemeinsamen Nacht vergehen mehrere Jahre.

Meistens ruft er mich an und wirft mir dann vor, dass ich mich nie melde. Ich frage mich immer noch, was er eigentlich will, wir sehen uns nicht mit der Absicht, uns zu verführen, und wir sehen uns ohnehin nur selten. Er ist Regisseur. Wir reden über das Theater, wir reden über *Bérénice*. Doch er kommt vom subventionierten Theater und ich vom privaten. Ich frage mich, ob es ihm gelingen wird, dieses Projekt mit mir zusammen aufzuführen. Ich bin dummerweise schwer beeindruckt. Es ist nicht so, dass er nicht beeindruckend wäre, er ist unglaublich charmant, aber meine Schüchternheit gegenüber dem öffentlichen Theater ist mir damals schon lästig. Ihn rufe ich auch an, als ich das Stück von Martin Crimp überhaupt nicht verstehe.

Ende 2013 häufen sich seine Anrufe. An den Rand dieses Texts schreibt dein Vater:

»Es war im Quartier des Abbesses in der Nähe des Theaters.« Unser erstes Treffen.

»Was meinst du damit?« Ich habe keine Ahnung.

»Ich glaube, dass ich es dir nie gesagt habe, aber an diesem Abend habe ich mich heimlich in dich verliebt.« Das ist süß.

Dein Bruder ist nicht mein Sohn. Er ist der Sohn deines Vaters.

Als ich ihn kennenlerne, ist er zweieinhalb Jahre alt, heute ist er neun.

Gilles stellt ihn mir auf der Terrasse eines Cafés vor, gegenüber dem Bezirksamt des IV. Arrondissements. Ich bin nicht die neue Verlobte seines Vaters, ich bin nur eine Freundin, die zufällig hier im Viertel vorbeikommt. Wie soll ich ihn begrüßen, mit ihm reden, wie soll ich ihm nicht zeigen, dass ich ihn schon jetzt liebe, weil ich mich in seinen Vater verliebt habe. Ich sehe ihn nicht die ganze Zeit über an, ich setze eine gleichgültige Miene auf, auch wenn ich ihn am liebsten nicht aus den Augen lassen würde. Den kleinen braunhaarigen Jungen mit dem Topfschnitt, den mandelförmigen dunklen Augen. Als hätte ich in meinem Leben noch nie ein Kind gesehen.

Ich bin noch nicht Mutter, als ich mit seinem Vater zusammenziehe. Dem Vater von euch beiden. Die Wochenenden und Ferien verstreichen zwischen dem kleinen unbekannten Jungen und einer neuen Liebe. Ich achte darauf, ihnen Zeit für sich zu lassen, zu zweit, damit sie wieder zueinanderfinden können. Ich will mich nicht einmischen zwischen Vater und Sohn. Ich finde mich in der Rolle der Stiefmutter wieder. Einer Stiefmutter, die sich das Kind nicht ausgesucht hat, die ihm aufgezwungen wird, mit der es zurechtkommen, mit der es teilen muss.

Vor allem darf ich nicht die Mama spielen. Damit dieser kleine Junge nicht denkt, ich wollte seine Mutter ersetzen, ich, die selbst so gerne eine sein würde. Wenn seinem Vater etwas dazwischenkommt und er mich bittet, den Jungen von der Schule abzuholen, möchte ich ihm insgeheim sagen: *Bitte, verlang das nicht von mir, du hast ja keine Ahnung.* Ich leide, wenn ich neben all den Müttern stehe, die am Ausgang auf ihr(e) Kind(er) warten, die sich über Nachmittagssnacks, Geburtstage und Ausflüge unterhalten, und ich stehe dazwischen, warte auf ein Kind, das nicht meins ist. Und mein eigenes Kind kommt immer noch nicht. Ich will zu seinem Vater sagen: *Ich kann dort nicht hingehen, ich habe kein Recht dazu.* Ich kann dieses Kind nicht wie mein eigenes lieben. Ich hätte Angst, es zu erdrücken.

Wir beäugen uns wie zwei Tiere, die sich auflauern, sich beschnuppern.

Dabei fällt es natürlich mir zu, aufzupassen, ich bin, schließlich die Erwachsene.

Ich stand selbst einmal an der Stelle dieses Kindes.

Heute rufe ich meine Stiefmutter Gabriela an, die seit über zwanzig Jahren die Frau meines Vaters ist. Liebevoll bitte ich sie um Verzeihung dafür, dass ich damals so hart zu ihr war. Jetzt verstehe ich genau, was sie gefühlt haben muss.

Ein Kind, sein Vater und eine andere Frau. Das sind zwei gegen eine. Ich beruhige Gilles. Ich habe es selbst durchgemacht, ich werde aufpassen. Der Vater ist etwas besorgt darüber, was die neue Beziehung für seinen Sohn bedeutet, für den Sohn, der gleichzeitig die, gelinde gesagt, schwierige Trennung der Eltern durchlebt.

Während unserer ersten Urlaube zu dritt treffe ich wieder auf das Kind, das ich für die neue Frau meines Vaters war. Mein Verhalten von damals ist genau dasselbe wie das des kleinen Jungen heute.

Seine Blicke auf mir. Ich erinnere mich an meine eigenen Blicke, die ich damals meiner Stiefmutter zuwarf: *Was willst du eigentlich hier? Wer bist du überhaupt?*

Ich bin der kleine Junge, und ich bin die Stiefmutter. Dann arbeitet die Zeit für uns, er wird älter und versteht, dass meine Beziehung zu seinem Vater nicht bloß vorübergehend ist. Sie hat die Absicht anzudauern.

Gilles wagt sich vor und fragt ihn vorsichtig, ob er gerne einen kleinen Bruder oder eine kleine Schwester hätte.

Eine Weile nehme ich die Rolle der Verbündeten, der Freundin ein. Ich will keine Autorität zeigen, das ist die Aufgabe seines Vaters. Ich bin da, um ihn zu verwöhnen, um zu machen, was er will. Heute bin ich die Mutter seiner Schwester. Wir treffen keine Unterscheidung in: Halbbruder oder Halbschwester. Ich bin eine Mama wie seine eigene. Ich bin nicht mehr nur die Geliebte seines Vaters. Ich habe eine neue Rolle für ihn. Eine neue Gemeinsamkeit. Wenn ich ihm abends schöne Träume wünsche, erlaube ich mir, ihm zu sagen, dass ich ihn liebhabe. Er versteht es.

Stéphane Guillon spielt Modigliani. Die Premiere von *Modi* findet 2017 Anfang Oktober im Théâtre de l'Atelier statt. Wir geben nicht mehr als die sechzig Vorstellungen, die erforderlich sind, um Gelder aus dem Unterstützungsfonds (einer staatlichen Förderung) zu erhalten. Das Stück ist ein Misserfolg.

Doch hinter jeder Kröte verbirgt sich eine Blume. Ich lerne dort Geneviève Casile kennen, die Eudoxie spielt, Jeanne Hébuternes Mutter. Ich nenne sie also Ma-maaa, wir lachen ungezwungen, zwinkern uns hinter den Kulissen zu. Auf der Bühne spielt sich ein Drama ab, Modigliani stirbt an einer Lungenentzündung im größten Elend, Jeanne stürzt sich aus dem Fenster, schwanger mit ihrem zweiten Kind. Geneviève und ich spielen gewissenhaft, aber wollen nichts allzu ernst nehmen, vor allem nicht die fehlenden Zuschauer im Saal.

Von Dienstag bis Samstag treffe ich sie immer gegen 18 Uhr 30 in ihrer Garderobe, direkt neben meiner, und jeden Abend halte ich mich länger dort auf. Ich schminke mich neben ihr, die Kosmetiktasche auf dem Schoß, in eine Klappliege gesunken, die zur Erholung der Schauspieler gedacht ist. Wir erzählen uns von unserem Tag, lachen gemeinsam, schimpfen mal über die einen, mal über die anderen. Ich bin so dick, dass ich Mühe habe, mich aus der Liege hochzuquälen, die jedes Mal, wenn man mit den Füßen an die Querstange stößt, nach hinten kippt und wieder nach oben schnellt. Ich bin im sechsten Monat schwanger mit dir. Die wievielte Vorstellung? Ich weiß es nicht mehr, das ist nicht wichtig. In den ersten Wochen gehe ich zu Fuß von meiner Wohnung zum Theater, ich wohne nicht weit weg. Normalerweise brauche ich dafür fünfzehn bis zwanzig Minuten, jetzt mit meinem Pinguingang sind es dreißig, fünfunddreißig. Auf dem Rückweg nehme ich ein Taxi.

Schwanger aufzutreten kommt bei Theaterschauspielerinnen recht häufig vor. Die Kostümbildnerinnen und Kostümbildner passen sich an alle Körperformen an. Schwanger die Rolle einer schwangeren Frau zu spielen ist dagegen seltener. Ich habe Glück. Ich arbeite bis zum Ende meiner Leistungsfähigkeit. Die letzte Vorstellung findet Anfang Dezember 2017 statt, da bin ich im siebten Monat. Nicht mein dicker Bauch, der sich unmöglich verbergen lässt, um den Anfang des Stücks zu spielen, zwingt uns zum Aufhören, sondern der immer noch fast leere Zuschauersaal. Ich bin erleichtert, es liegt nicht an mir.

Heute bist du schon über zwei Jahre alt. Ich erzähle Geneviève am Telefon, wie lieb und zugleich unerträglich du bist. Besonders am Abend ab 18 Uhr rennst du um uns herum, schreist, kommst nicht zur Ruhe, scheinst nicht im Geringsten müde zu sein von deinem Tag, ganz im Gegenteil. Geneviève hört mir zu und antwortet: »Ach, ist doch klar, um diese Zeit hast du dich schwanger immer ins Theater aufgemacht. Sie hat einfach deinen Rhythmus beibehalten.«

Daran habe ich gar nicht gedacht. Das erklärt alles.

2. Februar 2018, einige Tage vor deiner Geburt

Ich habe alle Zeit der Welt, ich habe Urlaub, »Mutterschafts-urlaub«. Sophie Calle stellt im Jagd- und Naturmuseum in der Rue des Archives aus. Ich mag ihre Arbeit, ihre Sicht auf die Dinge, also gehe ich hin, obwohl ich hochschwanger bin.

Die Ausstellung trägt den Titel »Beau doublé, Monsieur le Marquis!«, Sophie Calle hat die Keramikerin Serena Carone dazu eingeladen.

Als ich *a posteriori* ein bisschen über die Ausstellung recher-chiere, fällt mir auf, dass sie am 10. Oktober 2017 beginnt und am 11. Februar 2018, genau am Tag deiner Geburt (!), endet.

Wie sollen wir die Zeichen, die uns erscheinen, sehen und zu fassen bekommen.

Ich fühle mich wohl in diesem Museum, das ich zum ersten Mal entdecke. Ich bin allein und lasse mir Zeit. Niemand be-gleitet mich, ich gehe in meinem eigenen Tempo. Es gibt nichts Schöneres, als allein eine Ausstellung zu besuchen, umherzu-schlendern, wie es mir beliebt, in die dargebotenen Werke einzutauchen, ohne mir Gedanken über die Gefühle des- oder derjenigen zu machen, der oder die mich begleiten. Manche Dinge lassen sich nicht teilen. In diesem Fall genieße ich es, allein zu entfliehen. Ich kann die Anwesenheit der anderen

Besucher leicht ausblenden. Das Kino harmoniert ähnlich gut mit dem Alleinsein, das Theater weniger.

Diese Liebe für Kunstwerke verdanke ich meinem Vater, der mich schon sehr früh, ab dem Alter von sieben Jahren, in alle Museen mitnahm (auch in Kirchen, wo für uns Ungläubige die Kunst gefeiert wird, nicht Gott). Die einzige Regel, die laut meinem Vater in diesen dunklen und stillen Tempeln Gültigkeit besaß, lautete, dass ich ihm nicht folge, dass ich herumstreife und so lange ich möchte vor einem Werk meiner Wahl stehen bleibe. Dass ich allein herausfinde, was mich bewegt.

Er wollte meinen Blick, meinen Geschmack schulen.

Dazu muss man sagen, dass er selbst gerne zeichnet und malt.

In ihm hätte ein Kunstfälscher schlummern können. Er fertigte zuhauf Kopien von Miró, Kandinsky, Tamara de Lempicka an. Am Ende, ohne seine Talente jemals zu überschreiten, notierte er bei jeder Zeichnung rechts unten die eigenen Initialen und verbrannte sie anschließend. Er zieht oft um, will keinen unnötigen Ballast, bindet sich nicht an Materielles, befreit sich davon. Mir ist es gelungen, ein paar farbige Kopien von Tex Avery und eine Bleistiftzeichnung mit Indianerköpfen zu retten.

Zu jeder neuen Adresse folgen ihm nur die Bücher, die er mag, Familienfotos natürlich und ein kleiner Sekretär aus Mahagoniholz, den ihm meine Mutter geschenkt hat, mit unzähligen geheimen Fächern und Schubladen, die ich als Kind immer wieder geöffnet und geschlossen habe. Die Reiskörner, die bei ihrer Hochzeit geworfen wurden, vertrockneten darin.

Bei meinen ersten Schritten in den Museen bin ich verloren und achte darauf, meinen Vater immer in Sichtweite zu haben. Ich will ihm den Eindruck vermitteln, dass meine Wahl von den Formen und Farben bestimmt ist, obwohl in Wirklichkeit nur der Abstand zwischen ihm und mir ausschlaggebend ist. Dann, nach und nach, durch viele Besuche, vergesse ich seine Anwesenheit und lasse mich treiben, ich ziehe los, ich reise, ich will in die Leinwände eindringen, die Marmorplastiken in den Arm nehmen. Ich starre so lange bestimmte Punkte auf den Bildern an, bis mir ganz schwindlig wird und ich den Rest des Gemäldes vergesse. Wie wenn ich Fotos meiner Mutter anstarre, weil mich ihre Schönheit so sehr in ihren Bann schlägt.

Ich erinnere mich an Augenblicke in einer Art Hypnosezustand oder in völliger Klarheit, wie man heute sagen würde, vor den Gemälden Kandinskys. Vor den Klassikern, den Impressionisten, vor Delacroix, Ingres, Bonnard, Balthus und Egon Schiele unter anderen und nicht unbedingt in dieser Reihenfolge. Ich bin fasziniert von dem Raum, der so viele Schönheiten bietet. Ebenso sehr wie ein einzelnes Werk bringt mich die Gesamtheit der Kunst an ein und demselben Ort ins Wanken.

Im Jagd- und Naturmuseum thematisiert Sophie Calle die Trauer, den Verlust, die Abwesenheit. Sie widmet die Ausstellung ihrem Vater Bob Calle, der zwei Jahre zuvor gestorben ist. Und dem Verlust ihrer Inspiration, die sie bei ihrem Fischhändler neu zu schöpfen versucht. »Angeln Sie sich bei Ihrem Fischhändler neue Ideen.« Man bewundert noch die Verschmitztheit der Werbetexter, während sie den Spruch schon wörtlich nimmt. Vor dem Ausstellungsstück, das Sophie Calles Absicht beschreibt, breche ich in schallendes Gelächter aus.

Langsam gehe ich voran, der erste Saal im Erdgeschoss bietet keine Stühle oder Bänke. Alles ist in Ordnung, ich teile mir die Luft ein, es ist erst der Anfang, mich drängt nichts zur Eile.

Ich weiß nicht mehr, ob ich die Örtlichkeiten aufsuche und ob es dort überhaupt welche gibt. Flüssigkeit zu mir zu nehmen und mich zu erleichtern, sind meine dringendsten Bedürfnisse gegen Ende der Schwangerschaft. Ich gehe eine schöne Treppe hinauf, die mit einem nicht weniger schönen verschnörkelten, schmiedeeisernen Geländer versehen ist.

Im ersten Stock fällt mein Blick auf ein großes Sofa aus rotem Samt, das nur auf mich zu warten scheint.

Sophie Calle entdecke ich 2007 oder 2008 durch ihr Werk »Prenez soin de vous«. Ich sehe mir die Ausstellung nicht an, aber meine Freundin Caroline schenkt mir den Katalog. Damals öffne ich ihn selten, mir gefällt nur der Titel »Passen Sie auf sich auf« und der leuchtende rosa Umschlag. Ich sage mir, dass dieses Geschenk ein schönes Zeichen der Freundschaft ist, besonders, wenn es wegen des Titels ausgesucht wurde.

2013, während der extremen Hitzeperiode im Departement Vaucluse, treffe ich Sophie Calle persönlich, die für den Zeitraum des Festivals von Avignon im Hotel La Mirande einquartiert ist, im Zimmer 20. Die Zuschauer kommen vorbei, während sie ihr Frühstück zu sich nimmt. Sie setzt sich in Szene, stellt sich selbst aus, stumm, aber aktiv, auf ihrem Bett, umgeben von persönlichen Gegenständen. Der Raum ist nicht groß. Obwohl das La Mirande ein Fünfsternehotel ist, wählt sie keine Suite. Eine begrenzte Besucherzahl. Die einen müssen erst hinaus, bevor die nächsten eintreten können. Der Rundgang durch das Schlaf- und das Badezimmer ist mit Pfeilen gekennzeichnet. Wir folgen der im Voraus festgelegten Reihenfolge. Ich trete ins Zimmer. Die Besucher gehen um das Bett herum und sehen sich mal die Fotos, die Texte, die an die Wände geklebt sind, die Gegenstände, die auf den Tisch, die Sessel gestellt sind, mal Sophie Calle selbst an, die seelenruhig im Bett liegt.

Ich lache leise, während ich ihr dabei zusehe, wie sie Zeitung liest, ohne eine Miene zu verziehen, als wäre sie allein im Zimmer. Sie dreht sich zu mir um, etwas überrascht über die Wirkung, die sie auf mich hat. Sie fragt mich: »Warum lachen Sie?«, worauf ich, erstaunt über ihre Reaktion, die wie eine leichte Kränkung ihrerseits wirkt, erwidere: »Sie bringen mich zum Lachen.« Eigentlich amüsiere ich mich nicht direkt über ihre Person, sondern über die Installation, das Dispositiv, das sie für den Besucher einsetzt. Ich stottere vor mich hin und bin mir nicht sicher, ob ich mich auch nur in einem einzigen Satz verständlich machen kann. Schließlich lasse ich es gut sein, sie bietet mir kein Gespräch an, zumindest wage ich es nicht, eins aufzunehmen, und ich setze meinen Rundgang zwischen Unbehagen und Dreistigkeit schwankend fort.

Jahre später entdecke ich im selben Hotel ein wunderschönes kleines Gemälde in der vorderen Lounge mit den sienafarbenen Wänden, links direkt vor dem Garten. Ich kenne weder den Titel noch den Künstler dieses Gemäldes, und an der Rezeption, bei der ich nachfrage, können sie mir keine Auskunft dazu geben.

Was soll's, das Gemälde ist jedenfalls dort, die vor dem Fenster sitzende Frau, im Profil, lesend, befindet sich in dieser kleinen ockerbraunen und blumenverzierten Lounge und auf meinem Handy unter der Rubrik Fotos.

Die Nacht vom 2. auf den 3. Februar 2018

Ich schlafe nicht. Ich schreibe dir.

Alles ist bereit. Die praktischen, unentbehrlichen Dinge für dein Wohlergehen, die kleinen Kleidungsstücke und sonstigen Decken, die Mützchen, die dich vor der Temperatur außerhalb meines Körpers schützen werden, der Babykorb, das Pflegemittel, das dich sauber halten wird. Alles ist an seinem Platz und wartet auf dich.

Das Schreibheft liegt auf meinem acht Monate und eine Woche dicken Bauch. Er bewegt sich im Rhythmus der regelmäßigen Stöße, die du mir verpasst, mit deiner Hand, nehme ich an, angesichts der vermuteten Lage deines Körpers, mit dem Kopf nach unten, bereit, aufzutauchen. Später erfahre ich von einer Hebamme, die bei uns zu Hause vorbeikommt, dass diese regelmäßigen Stöße in Wahrheit ein Schluckauf waren. Ich bereite mich vor, halte nach den Zeichen meines Körpers Ausschau. Ich habe nicht die geringste Ahnung, wie sich mein Körper anfühlen wird, vom Schmerz der Wehen, von dieser Periduralanästhesie, zu der man mir eine Abbildung zeigt (eine zwischen zwei Rückenwirbel eingehäkelte Nadel), ich weigere mich, sie mir genauer anzusehen. Wozu auch? Man wird mir schon sagen, wann ich atmen und wann ich pressen soll. Es braucht nur ein bisschen Mut.

Zwei Wochen vor dem geplanten Termin sollen Geburten häufig stattfinden.

Du scheinst nicht früher auf die Welt kommen zu wollen.

Es gibt zwei Arten, die Dinge zu sehen. Entweder willst du noch im Warmen bleiben, in deiner Blase, bis zum Schluss. Du fühlst dich wohl, du vertraust mir im Inneren meines Körpers, ich mache dir keine Angst. Oder du willst nicht nach draußen, willst nicht zur Welt kommen, weil du schon jetzt all die äußeren Spannungen spürst, vor allem meine eigenen. Muss man für alles, was passiert, eine Erklärung suchen?

9. Februar 2018

Ich bin nachts vom Blut wach geworden.

Ich träume, dass ich unwohl bin. Die warme Flüssigkeit reißt mich aus dem Schlaf, mir wird bewusst, dass dieser Traum real ist.

Ich gehe zu deinem Vater, er schläft im Arbeitszimmer, um mir mit meinem Walbauch genügend Platz zu lassen. Ich gerate nicht in Panik, es ist eine Woche vor dem Geburtstermin. Es wäre normal, wenn du jetzt auftauchst.

Dein großer Bruder ist diese Woche bei uns, also mache ich mich allein auf den Weg zur Entbindungsstation, bilde die Vorhut, ermutigt von der Krankenschwester am Telefon.

Natürlich ist es ein falscher Alarm, die ersten Anzeichen der Geburtswehen, ich werde freundlich gebeten, wieder nach Hause zu gehen. Es ist 4 Uhr morgens.

Wieder ins Bett geschickt, versuche ich ungeduldig und enttäuscht, noch einmal einzuschlafen.

Die winzigen Wehen, die mich zuvor geweckt hatten und die wieder verschwunden waren, als ich in der Entbindungsstation ankam, kehren nun im Bett ruhig, aber bestimmt zurück.

Bei Tagesanbruch fahre ich wieder ins Krankenhaus. Ein Sensor zur Messung der Wehen und ein zweiter zur Messung deiner Herzfrequenz werden mir um den Bauch gegurtet. Die

Stunden vergehen, die Wellen werden stärker. Seegang und Seekrankheit. Überhaupt keine Angst. Den Schmerz bewältigen, tief einatmen, uns beide mit Sauerstoff versorgen. Ein Arzt geht im Flur vorbei und hört mein Stöhnen. Er begegnet dem flehenden Blick deines Vaters, ich sehe niemanden an, ich schließe die Augen, bin ganz bei der Sache. Seit dreißig Minuten ungefähr sitze ich auf einem Gymnastikball mit einem guten Meter Durchmesser und kreise das Becken, bei jeder neuen Wehe atme ich so kräftig wie möglich aus. Ich zerquetsche Gilles die Hand. Je mehr ich leide, desto mehr lache ich, überrascht vom Auf und Ab des Schmerzes. Der Arzt sagt: »Wir sollten sie nicht in diesem Zustand lassen.« Gelobt sei das Morphinderivat.

Als sie den Kreißsaal betritt, um sich bei uns vorzustellen, erinnert mich C., die leitende Hebamme, flüchtig, aber genug, um mich aus dem Konzept zu bringen, an eine Frau, die ich kenne. Eine Frau, die ich betrogen habe, als ich mit ihrem Mann schlief. Ich weiß nicht, ob es die zarten Gesichtszüge von C. sind oder der Klang ihrer Stimme, die mich an diese Frau erinnern.

Nachdem ich gesucht und gefunden habe, an wen sie mich erinnert, gelingt es mir, die unangenehme und Schuldgefühle bei mir weckende Ähnlichkeit zu verdrängen.

Sie ist hübsch, hat ein feines Gesicht, wie gemacht für ihren Beruf. Eine Sache steht jedoch im Kontrast zu ihrer offensichtlichen Weiblichkeit: die sehr kurz geschnittenen Haare. Ohne uns darüber auszutauschen, ordnen dein Vater und ich ihre sexuelle Orientierung direkt bei ihrem eigenen Geschlecht ein, wobei wir natürlich sämtlichen Klischees und *Apriori* folgen.

Dein Vater denkt, dass sie Frauen liebt, weil sie ihn wiederholt anherrscht, er geht ständig im Kreißsaal ein und aus, ohne die Tür hinter sich zu schließen. So ist er, dein Vater, er kann einfach nicht stillsitzen. Ich habe den ganz bescheidenen Eindruck, dass ich ihr gefalle, was ein sehr eigenartiges Gefühl ist, während ich sie hochkonzentriert vor mir sehe, mit dem Kopf zwischen meinen Schenkeln, in diesem bestimmten Augenblick, für sie bei ihrer Arbeit, für mich in meinem Leben und für dich bei deiner ersten großen Reise.

Später erfahre ich, dass C. dasselbe Sternzeichen hat wie du. Noch ein Zeichen, denke ich mir. Sie erzählt es, als ich am Rande einer Wehe oder bei der Untersuchung der Öffnung meines Muttermunds, ich weiß es nicht mehr genau, erwähne, dass ich in meinem engen Umfeld nicht viele kenne, die im Februar geboren sind, in den Dekanen des Wassermanns.

C. geht ebenfalls im Zimmer ein und aus, aber sie muss in dieser Nacht auch noch drei anderen Frauen dabei helfen, Leben zu schenken.

Gegen Mitternacht, zwei Stunden nach der Morphinspritze (die Zeiten haben sich genau eingeprägt, an der Wand direkt gegenüber, oberhalb meiner Knie, hing eine Uhr), erinnere ich mich, kommt sie wieder herein, flankiert vom Anästhesisten mit seiner kleinen grünen Haube. Aber dank dem zuvor gespritzten Morphin sehe ich dem Erscheinen des muskelbepackten Mannes mit der grünen Haube relativ entspannt entgegen. Ich spüre alle Wehen, mit denen du dich auf dein Kommen vorbereitest, aber ohne jeden Schmerz. Ich wiederhole bei jeder hereinkommenden Krankenschwester und jedem Facharzt in der Ausbildung, wie gut ich mich fühle. Natürlich bekommt C. das meiste Lob ab. Vor allem, als ich ihr die Hände auf die Schultern gelegt habe, sie mir direkt gegenüber, ich auf dem Entbindungsstuhl, meinen Anästhesisten im Rücken, der bereit ist, jeden Moment zuzustechen. Mein Blick verschmilzt mit ihren Augen, die besonders präsent sind, da ihre Stirn von einem Pony verdeckt ist und Nase und Mund unter einer OP-Maske verschwinden, die ebenfalls grün ist.

»Sie machen einen großartigen Job«, dabei ziehe ich die Vokale in die Länge. Grooooooßaaaaartig. Das spricht für die Wirkung des Morphins. »Sie sind so sanft und beruhigend. Sie wissen ja gar nicht, wie wichtig das für uns ist.«

»Wir«, das sind die Frauen, die im Begriff sind, etwas zu tun, von dem sie nicht die geringste Vorstellung haben. Während des Einführens der Periduralanästhesie atme ich nach ihrer Anleitung und rede mit ihr, um mich von dem abzulenken, was hinter mir passiert. Ich würde ihr gerne danken, ihr und dem ganzen Krankenhauspersonal, dem ich meine Entspanntheit und Gelassenheit schulde, die ich *a posteriori*, wie ich mich kenne, unglaublich finde. Als sollte alles so ablaufen, mit Aufregung und freudiger Ruhe. Als wäre ich dafür gemacht. Dafür gemacht, es so zu erleben. Wir müssen nicht immer Schmerz erfahren.

Zwischen zwei Wehen, kurz bevor du auf die Welt kommst, erscheint eine Krankenschwester, ein bisschen älter als meine C. Ich weiß nicht, was sie hier will, es herrscht ein großes Kommen und Gehen, und ich bin zu beschäftigt damit, zu pressen. Ich stelle mir vor, dass sie alle Gebärenden an diesem

Abend begrüßen will. Sie stellt sich rechts neben mich, sieht mich an, berührt meinen Arm und sagt: »Oh, Sie haben aber Ähnlichkeit mit jemandem, Sie …« Sie macht den Eindruck, als zögere sie, aber wisse es nur zu gut, und lächelt dabei. »Sie werden mich das jetzt doch nicht ernsthaft fragen?«, antworte ich ihr, ohne jede Aggressivität, das Morphium verwandelt mich in zuckersüßes Lokum. C. übernimmt für mich: »Hey, nicht jetzt! Das ist ihr großer Moment!« Die wunderbare Gewandtheit meiner Hebamme. Meine Mutter ist immer bei mir, selbst im Kreißsaal.

Diese C. ist wirklich so nett, dass sie ihren Dienst überzieht, um mich bis zum Schluss zu begleiten, sie hätte eigentlich um 8 Uhr Schluss gehabt, glaube ich, du wirst um 8 Uhr 42 geboren.

Das Zimmer 525 auf der Entbindungsstation.

Unser Elfenbeinturm.

(Vielleicht spielst du diese Zahl irgendwann einmal im Lotto und fügst noch deinen Geburtstag hinzu, die Geburtstage deiner Familie, deiner Geliebten. Ach Quatsch, mir fällt gerade ein, dass die Lottozahlen ja bei 49 aufhören.)

Ich fühle mich so wohl in diesem Zimmer, dass ich von manchen Nachrichten und SMS förmlich überfallen werde. Ich will nicht mit allen reden. Nicht sofort. Ich lasse einen Freund ziemlich heftig abblitzen, der es gut gemeint und dein Foto an einige nahe Bekannte weitergeleitet hat, mit denen ich vor kurzem zusammengearbeitet habe. Ich verstehe es nicht sofort, aber die Bekannten sind gerade bei ihm, als ich ihm dein Foto schicke, und es ist völlig normal, dass er sein Handy herumreicht und dich seinen Tischnachbarn zeigt. Es ist auch völlig normal, dass diese Tischnachbarn mir Nachrichten mit Glückwünschen senden. Ich, abgeschnitten vom Rest der Welt, fahre empört auf, als ich die Nachrichten lese, und beschimpfe den Schuldigen. Hiermit möchte ich ihn um Verzeihung bitten.

Bevor ich diesen Ort verlasse, will ich, einfach um das Geschehene zu verewigen und die fünfundvierzig Aufnahmen aus dem Kreißsaal zu ergänzen, von dir, nachdem du gewaschen wurdest, von deinem fassungslosen Vater mit dir im Arm, der sich um ein selbstsicheres Aussehen bemüht, von mir mit völlig geweiteten Pupillen von der Anästhesie, auch noch ein Foto vom Zimmer machen, vom elektrischen Krankenhausbett, von der per Fernbedienung hochgefahrenen Rückenlehne, von meinen Taschen auf dem Bett, von dir in dem Bettchen aus Plexiglas, von der Arbeitsfläche mit dem Waschbecken, dem Wickeltisch, den Windeln, den Cremes und den winzigen Milchfläschchen.

Eine ganz neue Ausrüstung.

ANNA.

Ich liebe deinen Vornamen, auf den wir uns allerdings erst nach drei Tagen festlegen konnten. Einfach und groß, kurz und stark, schön in allen Sprachen. Dieser Vorname ist kein Teil von mir, er wirkt auf mich neutral, er soll dir ganz allein gehören.

Keine Entscheidung aus modischen Gründen, nur ein leicht italienischer Klang.

Es war auch kein Entschluss im Affekt, es ist ein Vorname, der weit weg ist von deinen Eltern, vom Rest der Familie, den du dir also aneignen und zu deinem eigenen machen kannst. Nur bei der Wahl deines zweiten Vornamens haben wir eine Anspielung auf meinen Lieblingsfilm einfließen lassen, *Rosalie*.

Ich versuche, die tiefgreifende Veränderung in Worte zu fassen.

Der Rhythmus meiner Tage wird von dir, mit dir bestimmt. Ich lerne einen körperlichen Entzug kennen, wenn ich dich nicht im Arm halte, zwar nicht ununterbrochen, aber doch wenigstens mehrere Male am Tag. Es macht mir fast Angst. Dieses Bedürfnis wird von einer schlimmen Grippe durcheinandergebracht, die deinen Vater und mich niederstreckt. Es kommt nicht in Frage, dass du dich ansteckst, wir tragen (schon) medizinische Masken, auf der einen Seite blau, auf der anderen weiß, die wir in der Apotheke unter unserer Wohnung gekauft haben. Weil ich so oft für dich dorthin gehe, kenne ich alle Angestellten beim Vornamen, Rémi, den Inhaber, Valérie, Cécile, Pascale. In deinen ersten drei Lebenswochen erleben wir in Paris eine sibirische Kälte. Du und ich, wir verkriechen uns zu Hause.

Die Zeit vergeht jetzt noch schneller. Ich renne hinter dir her. Ich verstehe es nicht. Ich würde gerne wieder zurückkehren zu dieser Zeit auf der Entbindungsstation. Bei der Erinnerung an den Moment, als ich dich zum ersten Mal gestreichelt habe, weine ich immer noch vor Freude. Deine ganz warme, klebrige und weißliche Haut. Wie gerne würde ich meine Entbindung, deine Geburt noch einmal erleben. Ich, die bei deinem Anblick dachte, ich müsste vor lauter Gefühlen in Tränen ausbrechen. Ich habe die Hände auf dich gelegt und gesagt:

»Mon amour, mon amour, mon amour« (bei dieser Buchstabenabfolge schreibt mein Computer automatisch »Mona Mour«).

Einige Monate, nachdem du auf die Welt gekommen bist, gehe ich zufällig am Krankenhaus vorbei, dabei kann ich mühelos unser Zimmerfenster ausmachen.

Ich erinnere mich noch genau an die Aussicht, die man von dem Fenster aus hatte. Das Ende der Avenue de l'Observatoire, die Haltestelle der Linie 38, der Carrefour-Supermarkt, das La Closerie des Lilas, in dem eine Szene aus *Das alte Gewehr* gedreht wurde. Ich habe die Entbindungsstation nicht wegen ihrer Lage ausgewählt, sondern weil sie auf späte Schwangerschaften spezialisiert ist, sie ist mit sämtlichen Geräten ausgerüstet, falls es zu Komplikationen für Mutter oder Kind kommt.

Heute habe ich immer einen guten Vorwand, den Boulevard du Port-Royal entlangzugehen. Die Praxis meines Physiotherapeuten befindet sich hinter dem Tour Montparnasse, ich kann nichts dafür, die Entbindungsstation liegt auf dem Weg.

Ich betrachte dich und traue meinen Augen nicht. Du hingegen siehst mich noch nicht.

Du unterscheidest nur Schatten, Formen, und laut deiner Kinderärztin, rote, schwarze und weiße Farben. Woher weiß sie das? Die Erfahrung zeigt es.

Wir kommunizieren über Stimme und Berührung.

Auch wenn ich meistens ganze Sätze formuliere, um dich bei Bedarf zu beruhigen oder zu versuchen, dir die Dinge zu erklären, ahme ich auch die Laute nach, die du von dir gibst. Ba-ga-bo-go. Alles ganz normal.

Ich habe Angst, mich nicht um dich kümmern zu können, zu zögerlich zu sein, etwas falsch zu machen. Dabei wirken meine Handgriffe ganz natürlich. Weder exakt noch unbeholfen. Du passt dich an. Es ist, als wäre ich dafür bestimmt gewesen, auf dich zu warten, als wäre ich für dich gemacht, dafür gemacht, deine Mutter zu sein. Als wärst du schon immer da gewesen, versteckt, bereit, aufzutauchen, als wäre alles selbstverständlich. Wir lernen einander kennen. Du bist sehr geduldig mit mir. Ich weiß nicht, ob ich immer eine bequeme Position finde. Auf meinem Arm, halb auf dem Bett oder dem Sofa sitzend, im Autositz, in der Babytrage.

Du machst nicht den Eindruck, als ginge es dir schlecht. Du siehst mich an, ein bisschen verblüfft, mit weit aufgerissenen, aber immer noch neugierigen und glücklichen Augen.

Ich schwöre es, ich beschönige hier nichts, im Augenblick

bist du ein »einfaches Baby«, wie man so schön sagt. Du weinst sehr selten, nur wenn du Hunger hast, wenn dich das Gewicht der Windel stört oder du gegen die Müdigkeit ankämpfst. Wir nehmen dich überallhin mit, und zwar wann immer möglich. Du bist noch nicht einmal zwei Monate alt, und wir warten schon auf deinen Reisepass und deinen Ausweis, für die wir zügig einen Antrag gestellt haben. Ich habe keine Angst vor dir, da ich das Gefühl habe, dich bereits zu kennen. Ich habe vor gar nichts mehr Angst. Papperlapapp. Ich habe vor allem Angst. Jeden zweiten Tag.

Nicht nur ich gerate über dich in Verzückung. Meine Großeltern sind mir dicht auf den Fersen. Mein Vater auch, selbst
wenn er es nicht immer zugibt, wir sind alle ganz verknallt in
dich. Es ist lächerlich, aber wir können nicht anders. Zweifel-
los bist du die Schönste, die Lustigste, die Klügste. Und um
dem Ganzen die Krone aufzusetzen, beteuern wir selbst unsere Objektivität, es ist zum Totlachen.

»Sieh sie dir an, im Ernst, sieh sie dir an, das Mädel ist
wirklich etwas Besonderes. Hast du die Haare gesehen, wie
echte Seide, und die Farbe erst, sie sind wunderschön. Sieh
nur, wie wohlgeraten sie ist, schlank, gut gebaut.«

Dein Vater wiegt das zum Glück wieder auf. Er fragt sich
ständig für alle hörbar, ob du nicht dick bist, findet, dass du zu
viel isst, gibt dir den Spitznamen Pummel-Pummel. Ein
Gleichgewicht in der Liebe ist endlich gefunden. Alles ganz
normal.

Monique sagt immer zu dir: »Ja, deine Mama ist da, mach dir
keine Sorgen.« Und zu mir: »Pass auf dich auf, meine Liebe,
vergiss nicht, dass deine Tochter dich braucht.« Vielleicht
denkt sie, dass sie zu alt wäre, um für mich einzuspringen, falls
mir etwas zustieße, und welche Frau sollte dich dann mit Zärt-
lichkeiten und Küssen bedecken? Wir haben dieselben Ängste.

Sie, die so sehr befürchtete, dass mir etwas fehlen könnte,
die alles dafür getan hat, damit es mir an nichts fehlte,

aufopfernd, Mutter bis zuletzt. Heute erinnert sie mich daran, dass du mich brauchst. Dass eine Tochter ihre Mutter braucht.

Sie fragt mich immer, wie es mir geht, und fügt sofort hinzu, dass es dir sehr gut gehe, dass sofort ins Auge springe, wie gut ich mich um dich kümmere. Ein schöneres Kompliment kann ich mir nicht vorstellen. Ich erhalte den Ritterschlag in meiner Rolle als Mutter.

Monique ist immer fröhlich. Vor allem, wenn sie uns beide sieht. Sobald du über die Schwelle ihrer Wohnung trittst, Anna, ist sie bereit, mit dir zu spielen. Egal, was, und egal, in welcher Position. Mit ihren bald neunzig Jahren ist sie dann auf allen vieren, auf dem Bauch, auf dem Rücken, oder, noch schlimmer, rennt hinter dir her, um den Couchtisch im Wohnzimmer herum. Wenn wir zwei wieder nach Hause kommen, suchst du sie schon: »Wo ist die Oma?« Ich mache nicht einmal die Hälfte von dem, was sie mit dir macht. Dafür sind Großmütter da. Sie sagt zu mir: »Es ist normal, dass du nicht so viel mit ihr spielst, du arbeitest ja.«

Ich frage sie: »Warum, glaubst du, lieben wir dieses Kind so sehr?« Sie antwortet: »Zuallererst einmal, weil sie deine Tochter ist.« Denkt sie an meine Mutter, an meinen Bruder? Wir sprechen nicht direkt darüber, das ist vielleicht nicht nötig, wir wissen es auch so. Dann erklärt sie mir ganz selbstverständlich, dass du das Leben in seiner ganzen Herrlichkeit bist, für sie, meine Großeltern, bei denen das Ende nicht mehr weit ist. Ich traue mich nicht immer, dich mehrere Tage in Folge bei ihnen zu lassen. »Wenn es uns zu viel wäre, würden wir es dir schon sagen. Es ist anstrengend, aber wir fühlen uns lebendig und nützlich.«

Immer noch Monique, neulich, als sie von dir spricht: »Ich wollte mich nicht zu sehr an sie binden, aber …«, seufzt sie, ohne dich aus den Augen zu lassen, unmöglich. »Wird sie sich an ihre Urgroßeltern erinnern?« Woraus wird deine Erinnerung bestehen, frage ich mich. Es geht ihr zu Herzen, dass sie dich nicht lange aufwachsen sehen wird. »Du sagst ihr, wie sehr ihre Urgroßeltern sie geliebt haben.« Heute läufst du, redest, spielst den ganzen Tag mit ihr. »Siehst du, Oma, du bist immer noch da!« »Ja, schon«, antwortet sie leise lachend, weil sie nicht weiß, wie viel Zeit ihr noch bleibt.

Ich muss mich darauf vorbereiten. Ich habe nicht mehr daran gedacht. Ein Freund erzählt mir vom Tod seines Vaters. Wer wird in meiner Familie der Nächste auf der Liste sein? Meine Großmutter? Mein Großvater? Mit meinem Vater und meinem Onkel reden wir für gewöhnlich über »unsere Eltern«, als wären wir Geschwister. So ist es, wir sind alle drei von denselben Personen großgezogen worden. »Wie hast du sie erlebt? Fit, müde?«

Für dich ist nichts zu sauber, alles ist zu schmutzig, je nachdem. Unsere Hände, dein ganzer Körper, deine Kleidung, die Bettwäsche, deine Kuscheltiere, das Fläschchen, das ich dutzende Male ausspüle (bei jedem Abwasch), die Wohnung vom Boden bis unter die Decke. Dein Vater sieht mir zu, wie ich geschäftig hin und her eile. Alles ist gut. Ich bin sehr ruhig. Wo ist das Problem? Ich will doch nur das Beste für dich. Mutter werden heißt verrückt werden. Vor Sorge. Wegen allem, und zwar sofort, ab dem Augenblick deiner Geburt. Atmest du gut, isst du gut, schläfst du gut, wie ist dein Stuhlgang? Die ersten Monate mit dem ersten Kind, schrecklich für mich. Ich bin dreiundvierzig Jahre alt, ich werde nur ein Kind haben. Alles wird gutgehen, alles wird gutgehen. Ich übertreibe? Ach was!

Mit den Händen fängst du eingebildete Fliegen vor deinem Gesicht. Ich sehe von der Tastatur auf, und da bist du, liegst auf dem Rücken, plapperst vor dich hin, vor einem Jahr noch unvorstellbar.

Du kämpfst mit deinen Händen, sie sind eingewickelt, damit du keine Kratzer bekommst, ich habe Mühe, dir die Nägel zu feilen. Du bezwingst die Hände wie einen Schnuller. Fast gelingt es dir, die geballte Faust komplett in den Mund zu stecken. Du findest selbst heraus, was dir guttut. Dein Überlebensinstinkt funktioniert.

In dieser Nacht träume ich, dass ich eine alte Bekannte wiedertreffe. Irgendwann in dem nächtlichen Szenario fragt mich diese Person, wie es mir geht, was ich so treibe. Ich antworte ihr: »Mir geht es gut, sehr gut sogar.« Leichtes Schwanken. Ich überlege, warum es mir gut geht. Na klar! Das ist es! Ich habe ein Kind bekommen!

Du bist ein kräftiges Kind, das sagen alle, vom Kinderarzt bis zu Unbekannten, die dich zum ersten Mal sehen.

»Ein schönes Baby«, sagen sie.

Ich juble vor Freude, traue meinen Ohren nicht, höre »kerngesund«, »Überlebensinstinkt«, »Selbstvertrauen«. Das ist das Einzige, was für mich zählt. Du bist dafür gemacht zu leben. Alle schweren Zeiten zu überleben so wie ich. Du wirst ein schönes Leben haben.

Mit knapp drei Monaten gehst du die Grundkenntnisse der Sprache an. Du versuchst, dich mit uns zu verständigen. Anscheinend willst du, dass ich dich ununterbrochen ansehe, was ich sowieso nur selten leid bin. Du brauchst den Austausch von Blicken, von Berührungen. Das beruhigt dich und gibt dir das unverzichtbare Selbstvertrauen. Ich trage einige wichtige Grundsätze aus Babyratgebern zusammen.

Manchmal sehe ich dich an, ohne mir bewusst zu machen, dass ich noch das ganze Leben für dich sorgen muss. Als wärst du nur für eine bestimmte Zeit hier. Als hätte man dich mir geliehen, oder als hätte ich dich gemietet wie ein Auto. Ich weiß nichts über die Monate und Jahre, die noch kommen. Ich untersuche dich eingehend, um zu sehen, ob alles in Ordnung ist, ob alles an seinem Platz ist. Meine arme Kleine, du musst jeden Tag eine regelrechte TÜV-Prüfung über dich ergehen lassen. Ich denke nur noch an die grundlegende Pflege.

Reinigung des rechten Auges, dein Tränenkanal ist leicht verstopft und muss massiert werden. Temperatur der Hände, der Füße, der Stirn. Ich muss pragmatisch sein, sonst stehe ich mit offenem Mund vor dir, reglos, gebannt wie vor Camille Claudels kleiner Schlossherrin.

Deine Augenfarbe wechselt jetzt zu Grün, glaube ich, das würde mir gefallen.

Ein Grünton für deine Augen wie bei mir, wie bei meiner Mutter und wie bei meinem Bruder, eine andere Nuance bei jedem von uns dreien, uns vieren mit dir, aber das Grün bleibt bestimmend.

Ich lasse die Farbe eigenmächtig in deine Ausweispapiere eintragen, um das Schicksal herauszufordern. Bei der zuständigen Stelle bestehe ich auf »grün«, auch wenn es natürlich noch viel zu früh ist, um das sagen zu können. Dein Vater dreht sich zu mir um:

»Ach, wirklich?! Woher willst du das denn wissen?«

»Grün, ich sag's dir.«

Er lächelt, ohne weiter darauf einzugehen, weiß jedoch nicht, was mich dazu bewegt.

Seitdem sind mehrere Monate vergangen. Mein Wille soll nicht geschehen, ich bin nicht allmächtig. Das ist nicht schlimm, alles in Ordnung. Du darfst auch deinem Vater ähneln. Deine Augen sind eindeutig kastanienbraun. So ist es perfekt. Von unseren Freunden hören wir genauso oft »sie gerät nach ihrer Mutter« wie »sie gerät nach ihrem Vater«.

Ich betrachte mein eigenes Gesicht. Es ist in Längsrichtung zweigeteilt. Ich ziehe einen waagerechten Strich direkt unter meiner Nase. Den Mund nehme ich noch mit dazu. Die Mitte meines Gesichts gerät nach der Mutter. Nicht exakt gleich, aber dieselben vollen Lippen, eine kleine Nase, die Augen, ihre Form kann ich nicht beschreiben, jedenfalls ausdrucksstark, eine breite Stirn. Von meinem Vater habe ich die Kieferknochen. Einen sehr kantigen, männlichen Kiefer.

Ich betrachte Monique und Bernard, ich weiß nicht, von wem er diese untere Gesichtshälfte geerbt hat. Die ihm gut steht, zusammen mit dem Rest. Mein Vater ist objektiv gesehen schön, sein Gesicht ist harmonisch und hat markante Züge. Er weiß es und hat diese Schönheit immer als Chance begriffen. Natürlich ist alles einfacher, wenn einen die anderen gerne ansehen. In der Familie sind wir uns dieses Privilegs bewusst.

Mein Gesicht hat die Form eines Trapezes. Es ist seltsam, manchmal finde ich es originell, einzigartig. Manchmal finde ich es richtig hässlich.

Wenn ich vor dem Spiegel stehe, achte ich nicht auf meinen Kiefer. Ich sehe ihn nicht. Er fällt mir nur sofort auf, wenn ich ein Foto von mir betrachte, das jemand anderer gemacht hat. Manchmal geht es durch, ist hübsch, manchmal verzerrt, übertüncht es den Rest. Dann sehe ich nichts anderes mehr. Sei's drum. Ich habe gelernt, mich damit abzufinden. Es ist mir egal. Wenigstens bin ich dadurch nicht vollkommen identisch mit meiner Mutter. Nicht so hübsch wie sie. Es gibt immer jemanden, von dem ich mir das anhören muss. Nicht in diesem Wortlaut, aber dennoch. Ich soll nur ein Ersatz für meine Mutter sein? Ich wäre so dumm, wenn ich das glauben würde. Vor dem Spiegel bemerke ich nichts. Ich denke nicht

Wie hübsch du bist. Manchmal gefällt mir, was ich sehe. Dann sage ich mir, dass ich Glück habe.

Ich sehe meine Augen an, die mich ansehen. Führe ein Gespräch mit mir, ohne den Mund aufzumachen. Frage mich, wo ich im Leben stehe, wie es mir geht. Ich schummle nicht, welchen Zweck hätte das auch? Ich bin ganz allein im Badezimmer. Ich prüfe meine Aufrichtigkeit. Sehe ich aus wie eine ehrliche Frau? Ein paar Sekunden genügen, die Bestandsaufnahme darf nicht ewig dauern, sonst kommen immer mehr Fragen auf, und ich würde mich gezwungen sehen, alle zu beantworten. Nicht ins Detail gehen, es ist eine allgemeine Kontrolle. Ich antworte: *Es geht, es wird schon gehen, mach weiter.*

Die Hände habe ich auch von meinem Vater. Lange und feingliedrige Finger. Meine Mutter mochte ihre eigenen Hände nicht.

Ein überwältigender Blick. Ihr habt denselben. Auch wenn eure Augen nicht dieselbe Farbe haben, ähnelt ihr euch. Ich kenne die Babyfotos meiner Mutter mit sechs Monaten in- und auswendig. Eine Intensität in ihrer reinsten Ausdrucksform durchdringt euch. Und ich, ich werde von euch durchdrungen. Wen halte ich im Arm? Dich? Mich? Meine Mutter?

Ich bewege mich immer auf dem Faden, der uns miteinander verbindet, gespannt, aber unzertrennbar. Das Leben, das du mir gegeben hast, das mir bleibt. Ein vor achtunddreißig Jahren unterbrochenes Leben, ein anderes, das heute beginnt. Mittendrin bin ich. Mittendrin bleibe ich.

Ich stelle sie mir vor, wie sie die Straßen von Paris durchmisst, die wir durchqueren, fast zwei Generationen später.

Die 1990er Jahre

Wie war die Beziehung zwischen meiner Mutter und ihrer eigenen?

Ich stelle nur Vermutungen an, mir blieb keine Zeit, darüber zu reden, weder mit der einen noch mit der anderen. Einmal im Jahr besuche ich meine Großmutter Magda in Bayern, zusammen mit meinem Onkel Wolfi, dem kleinen Bruder meiner Mutter, und seinen Töchtern Carolina und Patrizia, meinen Cousinen. Die beiden kümmern sich um die Übersetzung. Ich spreche kein Deutsch, ich lehne diese Sprache ab. Ich kann ein paar Wörter stammeln, aber ich will sie nicht lernen. Mit wem sollte ich sie heute auch sprechen? Dennoch klingt diese so schroffe und so ferne Sprache absolut bezaubernd, wenn meine Mutter sie spricht.

Ich habe mir lange vorgestellt, dass das Deutsche wie durch ein Wunder zu mir zurückkommen würde. Doch dem ist nicht so. Meine Mutter hat es nie mit mir gesprochen. Sie hatte sich ohnehin für Frankreich entschieden. Ihre Landsleute machten ihr schon genug Vorwürfe, dass sie ihr Heimatland verlassen hatte, ohne zu verstehen, dass ihre Ziele woanders lagen. Mein Onkel und meine Cousinen sprechen sehr gut Französisch, und heute tauschen wir uns zunehmend auf Italienisch aus, da sie lange Zeit in Lugano gelebt haben. Natürlich bin ich damals gegenüber meiner Großmutter nicht besonders stolz auf diese Entscheidung. Doch es gelingt uns trotzdem, einander unsere Zuneigung zu zeigen. Übrigens frage ich mich, ob dieser Begriff hier passend ist. In den ersten Jahren, in denen ich sie ohne meine Mutter besuche, ohne ihre Tochter, habe ich das Bild einer Schauspielerin im Kopf, die in der Vergangenheit lebt, nicht das der Großmutter, die uns Apfelstrudel macht. Zwischen ihr, meinen Cousinen und mir gibt es keine große Verbundenheit. Wie soll man damit umgehen, dass man seine Tochter und seinen Enkel verloren hat? Welche Beziehung können wir haben, sie und ich? Sie wirft sich für uns in Schale, holt sämtlichen Schmuck heraus, ihre schönsten Kleider, und ihr letzter Ehemann scharwenzelt um sie herum wie »ein Kammerherr«. Dieses Wort gebraucht meine Cousine Patrizia, die ich anrufe, um sicherzugehen, dass ich unsere Großmutter richtig in Erinnerung behalten habe. Sie bestätigt es mir. Meine Cousine hat noch eine andere weniger angenehme Erinnerung an Magda. Als Jugendliche ist sie etwas mollig, und unsere Großmutter scheut nicht davor zurück, ihr zu sagen, sie sei dick und sie selbst hätte mit einem solchen Gewicht niemals Schauspielerin werden können! Wir lachen am Telefon darüber, Patrizia und ich, sie ergänzt, dass sie, gerade weil sie die Gene von Magda geerbt hat, oft mit den Kilos zu kämpfen hatte.

Onkel Wolfi und ich brauchen einige Jahre, um zueinanderzufinden, und trauen uns zuerst nicht, offen zu sprechen oder uns auch nur in die Augen zu sehen. Ich versuche, meine Mutter in den Gesichtszügen ihres jüngeren Bruders wiederzufinden. Auch er sieht seine Schwester in mir. Wir lächeln, senken den Kopf, sind beide zu gerührt. Die Ähnlichkeiten sind erstaunlich, verwirren uns und verschlagen uns die Sprache. Wieder einmal erwarte ich nicht alle Antworten.

Zurück zu meiner Mutter und ihrer eigenen. Waren sie Verbündete? Hatten sie mehr Krach als geteilte Interessen? Hat sie ihre Mutter als Vorbild gesehen? Gab es zwischen ihnen große Versöhnungen? Oder hat sich viel Unausgesprochenes angestaut? Ich stelle mir eine bestimmte Art von Beziehung vor, eher kühl als warm.

Von den Männern hat sie bestimmt mehr über ihre Weiblichkeit gelernt als von ihrer eigenen Mutter.

Als sie meine Großmutter Monique noch nicht kannte, wen hat sie da angerufen, wenn sie Trost suchte? Welche Mutter wollte sie nach all dem werden? Ich wurde gezwungen, meine Mutter zu ersetzen. Hat sie ihre eigene auch ersetzt, obwohl sie noch am Leben war? War mein eigener Wunsch, Mutter zu werden, deshalb so stark? Um den Platz meiner Mutter einzunehmen?

Wirst du auch nach diesen Antworten suchen, meine Tochter? Wirst du dich für deine Großeltern interessieren? Hoffentlich mit mehr Leichtigkeit als ich.

Mai 2018

Apropos Deutsche, ich sehe gerade den hervorragenden Dokumentarfilm *La Traversée*. Daniel Cohn-Bendit und Romain Goupil suchen darin die Begegnung mit Franzosen, die sich in der Gesellschaft engagieren. Ich höre, wie Daniel Cohn-Bendit einem sehr betroffenen Krankenpfleger, der gerade einem elfjährigen Kind den Verlust eines Elternteils beibringen musste, erzählt, dass auch er mit dreizehn Jahren seinen Vater verloren hat. Er erklärt ihm, dass man es als Kind schnell verdrängt, dass es erst viel später wieder hochkommt. Das stimmt. Die Mutter hat mir nie gefehlt, als ich klein war. Die Frau hat mir gefehlt, als ich erwachsen war.

Der Herbst steht vor der Tür, die letzten schönen Tage. Ich verbringe wieder ein Wochenende im Departement Eure. Seit fünfzehn Jahren bin ich regelmäßig dort, so oft wie möglich, mindestens einmal im Monat. Ich fahre mit dem Auto, suche mir die Uhrzeit aus, kann die Staus umgehen. Ich nehme die Pont de Saint-Cloud, die A13, und rase zwischen dem Kraftwerk von Porcheville und den Steinbrüchen entlang, Ausfahrt 12, ich atme auf.

Schon ewig suche ich ein Haus in der Gegend, ich weiß nicht mehr, ob es die Region oder die Freunde sind, die mich hier magisch anziehen.

Jeder kennt meinen Wunsch, mich vor Ort niederzulassen, und alle halten mich über neu auf den Markt gekommene Häuser oder Mietangebote auf dem Laufenden.

Es ist also gerade Ende September, mein Gastgeber und Freund ruft mir zu:

»Hast du schon gehört, dass im Dorf ein Haus zum Verkauf angeboten wird? Der Eigentümer ist ein guter Freund von mir. Er kommt morgen Mittag mit seinen beiden Kindern zum Essen vorbei.«

Ich: »Warum verkauft er denn?«

Es ist eine traurige Geschichte. Vor einigen Monaten hat er seine Frau, die Mutter seiner Kinder, an Krebs verloren. Sie war viel zu jung, sicher erst um die vierzig, und ihre Kinder erst recht, sechs und zehn Jahre alt. Ein kleiner Junge und seine große Schwester.

Der junge Witwer, sicher hasst er es, so genannt zu werden, will nicht mehr in dem Haus bleiben. Bestimmt sieht und hört er seine Frau dort überall.

Ich kann mich nicht für das Haus, das mit dieser tragischen Geschichte belastet ist, interessieren. Außerdem könnte ich es mir sowieso nicht leisten.

Am nächsten Tag kommt die Familie vorbei. Ich will ihnen vor allem nicht zeigen, dass ich darüber Bescheid weiß, was sie durchgemacht haben, was sie immer noch durchmachen. Soll ich so tun, als wäre nichts? Als wüsste ich von nichts? Eine solche Tragödie eilt denen, die sie erlebt haben, die sie noch erleben, immer voraus. Der Vater weiß längst, dass ich es weiß. Ich will sie nicht abstempeln. Bloß nicht in Verlegenheit bringen.

Aber vielleicht warten sie auch darauf, dass man sie in den Arm nimmt? In so viele Arme wie möglich?

Ich nähere mich und begrüße sie mit einem aufrichtigen Lächeln, versuche, alles wiedergutzumachen, mit diesem Lächeln und dieser Umarmung. Während des Empfangs beobachte ich unauffällig die Kinder, als wären sie meine Leidensgeschwister.

Dieser Mann kennt meine Geschichte fast genauso gut wie ich seine, unser gemeinsamer Freund hat ihm von mir erzählt wie von einer sehr engen Freundin, die er sicher auch bald kennenlernen wird, so erweitert sich der Freundeskreis. Wir wurden einander schon in unserer Abwesenheit vorgestellt.

Ich halte mich natürlich zurück, aber würde ihm gerne zu verstehen geben, dass er mit mir reden kann, wenn er möchte. An der allgemeinen Freude merke ich, dass ich sie noch oft wiedersehen werde, ihn und seine Kinder, worüber ich sehr glücklich bin.

Seitdem haben wir oft zusammen gegessen, und es ist uns gelungen, mit viel Feingefühl ihm und Respekt mir gegenüber, ein paar Worte über die Fragen zu wechseln, mit denen er sich plötzlich hilflos konfrontiert sieht.

Wie soll er allein seine Kinder großziehen? Wie sollen sie ohne ihre Mutter leben?

Nach einigem Herumschleichen um den heißen, schwer bekömmlichen Brei, vor dem es uns so graut, nach einigen Scherzen (natürlich lachen wir über den Tod) und einigen Gläsern (bei Denis und Karine trinkt und isst man immer zu viel) stellt er mir eines Abends die Frage:

»Wie hast du das alles erlebt?« Die Kinder spielen im Stockwerk über uns.

Ich antworte ihm, ermutigt vom offenen Lachen der früheren Gespräche, dass er hiermit mein Lieblingsthema anschneidet (den Tod natürlich)! Ich füge hinzu, dass ich sehr umsorgt wurde und man darüber sprechen muss, dass man die Dinge nicht für sich behalten sollte. »Und dann geht es schon.«

Der Alkohol hilft uns dabei, diesem verfluchten Berg die Stirn zu bieten, aber das ist nur die erste Etappe. Der Rest muss in Einsamkeit und in Erinnerungen erklommen werden.

Im nächsten Moment setzen wir das Leben wieder fort, wir sitzen immer noch am Tisch, das Dessert kommt. Die vier Freunde um uns herum haben ihre Gespräche nicht unterbrochen und versucht, uns so einen Anschein von Privatsphäre zu vermitteln.

Unter den Gästen ist auch B., die einige Monate später auf eine sehr behutsame und glückliche Weise eine Liebesbeziehung mit diesem Papa beginnen wird.

Und schon geht es besser.

Wenn ich mich trauen würde, wäre ich wie Amma aus Indien. Sie nimmt die ganze Welt in den Arm und alle, die ein Elternteil, einen Bruder, einen Sohn verloren haben. Amma und ihre tröstende Macht. Ich wurde auch getröstet, ich sollte umgekehrt genauso dazu in der Lage sein. *Komm in meinen Arm, ich habe dasselbe durchgemacht.* Eine recht anmaßende Aufforderung. Trauer ist für jeden, der sie empfindet, einzigartig.

Ich sitze im Zug, es ist deine erste Fahrt, in einem Familienabteil, in dem es nach hartgekochten Eiern riecht. Wir fahren nach Toulouse, um eine Freundin zu treffen, die ich schon seit zwanzig Jahren kenne, ich will dich ihr vorstellen. Wir sind gerade mitten im Perlenstreik der SNCF. Ausgerüstet mit Chips und in Alufolie eingepackten Sandwiches. Es ist Zeit für das Mittagessen.

Heute Morgen habe ich mich mit deinem Vater in die Haare gekriegt. Und jetzt im Zug tut es mir leid. Ich bin wütend auf mich selbst. Wir hassen es beide, einer wie der andere, im Streit auseinanderzugehen, aber manchmal können wir uns einfach nicht lieben. Im Grunde sind wir große Kinder geblieben, die die Rolle der Eltern spielen, sind abwechselnd der Meinung, ungerecht behandelt zu werden, fordern Freiheiten ein, auf die wir kein Recht mehr haben, weil du jetzt da bist.

Das ist falsch, denn wenn es uns gut geht, wird es dir auch gut gehen. Manchmal denken dein Vater und ich, dass wir keine Freude verdient haben. Wir stellen uns als Opfer hin, bestrafen uns selbst wie Kinder. Wer sind hier die Eltern?

Und wenn ich nicht die perfekte Mutter wäre? Die gibt es sowieso nicht. Und wenn wir es nicht schaffen würden, dich großzuziehen? Wenn du nicht das vollkommene Kind wärst, das du momentan zu sein scheinst? Wenn wir dir gut gemeint die besten Ratschläge gäben und du dich weigern würdest, uns zu glauben? Wenn du uns länger, als es angemessen wäre, bescheuert fändest?

Ich sitze immer noch mit dir im Zug, seit der Abfahrt in Paris schläfst du neben mir in der Babyschale deines Kinderwagens. Ich sehe dich an, aber nicht mehr ununterbrochen. Es kehrt wieder Normalität ein.

Die Frau, die mir im Zug schräg gegenübersitzt, ist eine Stiefmutter: Das kleine Mädchen neben ihr nennt sie nicht Mama. Ich beobachte sie. Ich kann nicht sicher sagen, ob die Frau sehr liebevoll zu dem Mädchen ist oder sie richtig schlecht behandelt. Wenn man sie beobachtet, könnte man beide Möglichkeiten in Betracht ziehen. Sie könnte tatsächlich nur vorspielen, sie sei liebevoll, lustig und freundschaftlich zu dem kleinen, höchstens zehn Jahre alten Mädchen.

Geschafft, inzwischen bekomme ich es hin, zu lesen oder zu schreiben und dir gleichzeitig das Fläschchen zu geben, und das gilt nicht nur für Babyratgeber.

Ich entdecke in mir Talente als Balancierkünstlerin, wenn du auf meinen im Schneidersitz verschränkten Beinen liegst. Morgens wache ich vor dir auf. In diesen ersten Tagesstunden schreibe ich. Ich schreibe auch vor, während und nach deinen Mittagsschläfchen und sogar während deiner Mahlzeiten. Heute ist Mittwoch, der 16. Mai, es ist 7 Uhr 51 auf meinem nagelneuen Computer, den ich extra für diesen Anlass gekauft habe, der Anlass bist du, und ich schreibe. Ich höre, wie du langsam aufwachst. Vor gerade einmal achtundvierzig Stunden hast du deinen Daumen das erste Mal richtig entdeckt. Du steckst ihn dir immer wieder in den Mund, es ist nicht mehr bloß ein Unfall, wenn du den Arm oder die Hand bewegst. Und dank des beruhigenden Saugens gewinne ich einige Minuten, bevor ich dir das erste Fläschchen zubereite. Du lässt mich arbeiten, du willst diese Seiten genauso sehr wie ich.

Warum schreibe ich dir? Warum wird es für mich eine Arbeit, ein Bedürfnis, eine absolute Notwendigkeit? Ich werde nicht sterben. Nicht sofort, nicht in einem Jahr, nicht mit knapp vierundvierzig Jahren wie meine Mutter. Aber falls doch, muss ich dir etwas von mir hinterlassen. Von meiner eigenen Mutter habe ich so wenig, ich hätte mir auch gewünscht, dass sie mir schreibt, aber wie hätte sie sich ausmalen sollen, was folgen würde? Von diesem Punkt gehe ich aus.

Ich unterbreche für dich eine Geschichte, die ich gerade schreibe. Über ein anderes Mal, als ich Angst hatte. In diesem Juni 2016 auf der Insel Santorin, wo ich fürchtete, dein Vater hätte einen schweren Rollerunfall gehabt, da er nach einem feuchtfröhlichen Mittagessen nicht nach Hause kam, so feuchtfröhlich, dass ich mich geweigert hatte, hinter ihm auf das gemietete Zweirad zu steigen, natürlich hatten wir uns verkracht, und ich hatte beschlossen, ein Taxi zu nehmen. Ich wartete im Hotel auf ihn, er kam nicht. Damit sich die Minuten nicht mehr wie Stunden in die Länge zogen, dachte ich mir eine Geschichte aus, in der er tatsächlich einen schlimmen Unfall hatte, so schlimm, dass er nicht überlebte. Ich machte mich mit der örtlichen Polizei auf die Suche nach ihm. Ich rief unsere Familien in Frankreich an, begleitete den Leichnam nach Hause, weinte um ihn, baute mir mit einem wiedergefundenen früheren Liebhaber ein neues Leben auf, kehrte mit dieser neuen Liebe auf die Insel zurück, wo sich das Drama abgespielt hatte, wie um den Segen deines toten Vaters einzuholen, dann wurde ich endlich schwanger. Diese ganze Geschichte hatte ich mir in einer Viertelstunde ausgedacht.

Ich gehe in dein Zimmer, um zu sehen, ob alles in Ordnung ist. Du schläfst noch. Ich beuge mich zu dir hinunter. Suche deinen Atem. Ich höre ihn nicht immer, also lauere ich auf das Heben deiner Brust, auf deine Atembreite. Mit einem Ruck atmest du laut ein oder bewegst leicht das Kinn, den Finger oder gut sichtbar die Faust. Als wolltest du mir sagen: *Beruhige dich, mir geht es gut.*

Einmal aufgewacht in deinem Gitterbettchen, weinst du nicht, wenn ich aus dem Zimmer gehe. Du hast keine Angst ohne mich, ohne uns. Du siehst nicht aus, als wärst du verloren, verlangst nicht sofort nach unseren Armen, kannst dich still gedulden. Du bist in der Lage, allein zu bleiben, was ohnehin nie besonders lange vorkommt.

Du bist vier Monate alt, und ich sehe mich gezwungen, in aller Form, als gutbürgerliches und wohlerzogenes Mädchen, einen deutschen biografischen Film über meine Mutter zu verreißen. Der erste Fehler war, mir den Film überhaupt anzusehen, in diesen Saal zu schlüpfen, der für die Pressevorführung reserviert war. Jetzt, da ich den Film gesehen habe, kann ich nicht dazu schweigen, ich kann nicht einfach so tun, als wäre nichts. Das Resultat ist einfach zu schlecht.

Es ist unerträglich, zu sehen, wie sie dargestellt wird. Die deutsche Regisseurin hat eine der schwierigsten Phasen im Leben meiner Mutter ausgewählt. Sie befindet sich mitten in der Trennung von meinem Vater und sieht meinen Bruder David nicht mehr oft. Er ist sauer auf unsere Mutter wegen dieses neuerlichen Bruchs innerhalb der Familie, denn seit ihrem Kennenlernen hat er meinen Vater als seinen eigenen akzeptiert. Mein Bruder zieht für einige Monate zu Monique und Bernard, die zwar nicht seine richtigen Großeltern sind, die er aber auf Anhieb als solche wahrgenommen hat.

Meine Mutter ist traurig und erschöpft. Es trifft sich gut, dass gerade ihre jährliche Kur in Quiberon in der Bretagne ansteht. Da verstehe einer mal, warum sie ausgerechnet in diesem Zeitraum, in dem sie sich erholen, schlafen, wieder zu Kräften kommen, für sich selbst Bilanz ziehen sollte, einen Journalisten und einen Fotografen kommen lässt, die sie um ein Interview bitten. Mal ehrlich, Mama, ist deine Badekur wirklich der richtige Moment dafür?! Alles wird veröffentlicht, Texte und Fotos. Diese drei Tage, die sie damit zugebracht hat, sich fotografieren und ausfragen zu lassen, sind also das Thema dieses Bockmists, dieses sogenannten »Biopics«, das ich ansehe und mir dabei vor Wut in die rechte Hand beiße.

Ist das alles, was euch eingefallen ist? Gibt es etwa nur diese Phase ihres Lebens zu erzählen? Ich habe vergeblich gesucht, aber ich kann in dem Film einfach keine guten Absichten erkennen. Ja, die Produzenten laden mich zwar zur finalen Vorführung ein, aber das Drehbuch lese ich im Büro meines Anwalts und unter der Aufsicht des deutschen Produzenten und seines Rechtsberaters. Im Internet erfahre ich zwei Jahre zuvor davon, dass es einen Film über meine Mutter gibt, der »gerade in Quiberon gedreht wird«.

Ich bin hin- und hergerissen zwischen meiner Vergangenheit und meiner Gegenwart, gezwungen, meine Mutter zu verteidigen, eine dumme Gans, weil sie sich selbst nicht besser geschützt hat, obwohl ich doch viel lieber mit dir zusammen aufwachen würde, Anna! Meine Mutter … Sie hatte doch Erfahrung mit Fotos und Interviews. Im Ernst. Es ist 6 Uhr morgens, ich bin erschöpft vom Schlafmangel, sitze in einem Taxi in Richtung Radiosender, um mich im Morgenmagazin von France Inter zu Wort zu melden. Ich habe Glück, ich habe Zugang zu diesem Publikum, ich profitiere davon. Es gibt viel ernstere Themen, aber ich bitte darum, das Wort ergreifen zu dürfen, und sie geben mir die Möglichkeit dazu. Noch am selben Abend werde ich im Programm *C à vous* in France 5 auftreten.

Ich tue das, was ich hasse, öffentlich über meine Mutter sprechen. Aber sie hätte diesen Film auch gehasst, er wäre nie herausgekommen, wenn sie noch am Leben wäre.

An manchen Tagen gibt es Orte, an die ich nicht gehen kann, Schwellen, die sich nicht überschreiten lassen. Ich kann ganz normal leben und sogar ausgesprochen fröhlich, in nahezu völliger Leichtigkeit. Ich kann aber auch sehr kühl sein, wenn ich an sie denke. Ohne Zuneigung. Ohne Empfindungen. Ohne Gefühle. Oder ich weine einfach los. Es gibt kein Dazwischen, keine Milde. Sie sind die lebenden Toten unter uns. Wir sind die toten Lebenden mit ihnen. Das ist nicht schlimm, so ist es eben.

Ich stehe an einem Scheideweg. Ich werde dich hören, wie du mich *Mama* nennst, ohne mich daran zu erinnern, es selbst gesagt zu haben. Meine Mutter und meine Tochter, zwei Unbekannte, ich bin in einer Vorstellungswelt mit euch beiden.

Meine Mutter-Großmutter liest, was ich gerade schreibe, und ist besorgt: »Wir dachten nicht, dass deine Mutter dir so sehr gefehlt hat. Was haben wir nur verpasst? Hast du so darunter gelitten? Wir haben es nicht gemerkt.« Bei ihnen Schuldgefühle zu wecken, sie in ihrem Alter noch mit solchen Fragen zu belasten, sie, die Anfang Neunzigjährigen, denen ich alles verdanke, ich mache mir Vorwürfe. Sofort entgegne ich: »Nein, nein, Oma, macht euch keine Sorgen, ihr habt alles, wirklich alles richtig gemacht.« Dann versuche ich, ihr sanft zu erklären, dass sie nichts dafürkönnen, dass ich trotz all ihrer Liebe um den Verlust nicht herumgekommen bin, dass die Toten uns per se fehlen. Sie sind allgegenwärtig.

Ich füge hinzu: »Du bist meine Mutter!« Das trifft es nicht ganz, aber das macht nichts. Es ist beinahe dasselbe. Sie und ich wissen beide, dass es eine Liebeserklärung ist, tief in ihrem Inneren wird sie es verstehen, wird sie so zärtlich davon berührt, wie es nötig ist. Es ist nie zu viel, eines Tages wird es nicht mehr möglich sein. Vor allem will ich nicht bereuen, es ihr nicht gesagt zu haben, nicht oft genug.

Sie wusste am Anfang nicht, dass ich mich bei einem Psychoanalytiker auf die Couch legte. Ich habe ein Jahr lang gebraucht, bis ich es ihr sagen konnte. Sie verstand nicht, warum ich mich nicht ihnen anvertraute, warum ich lieber mit einem Fremden sprach, einem Abzocker noch dazu. Ich musste es ihnen ersparen, den Armen, ich habe es nicht über mich gebracht, ihnen zu erklären, dass ich depressive Phasen hatte, dass ich mich träge, zäh fühlte, voller Wünsche, aber nicht fähig, nach ihnen zu greifen. Dass ich die Erste war, mir selbst den Ast abzusägen, der mir Halt gab. Wie viele Male stand ich im Theater, hinter der Bühne, fünf Minuten vor dem Auftritt, den Kopf voller Hemmungen, ausgerechnet in dem Moment, in dem ich doch alles vergessen, mein Bestes geben, nur noch an die Freiheit des Spiels denken sollte? In diesem Moment sagte ich mir nur eines: »Du wirst es nicht schaffen.«

Heute lache ich innerlich über diese systematische Selbstaufgabe. Meine widersprüchlichen Reaktionen überraschen mich immer noch, aber durch das viele Analysieren habe ich es schließlich geschafft, mir die negativsten unter den Arm zu klemmen, ihnen einen dicken Schmatzer aufzudrücken und mir selbst ganz allein in den Arsch zu treten. Der Vorhang wird wieder aufgehen.

Endlich jubelt mein Körper. Ich spüre ihn ganz und gar lebendig. Mit den Zehen klammere ich mich in die Sohlen meiner Schuhe oder in den Boden (was für ein Glück, barfuß zu spielen). Ich bewege die Finger am Ende meiner Arme, meiner Hände, um sie an der Luft zu spüren. Ich bin da, lebendig. Ich öffne den Mund, feuere meine Stimme an, verschaffe mir Gehör, nehme teil, fühle mit all denen, die es nicht können.

Ich erinnere mich noch an den (ehrlich gesagt, ziemlich üblen) Geruch der Mitosyl-Salbe und an den Geschmack von Alvityl (die Zusammensetzung hat sich mittlerweile geändert), die ich als Kind meistens von Nadou aufgetragen oder verabreicht bekommen habe. Ich kaufe sie heute für dich genauso wie unzählige andere Produkte, die zum Glück wesentlich angenehmer riechen. Ein kleiner Beweis, dass eben doch nicht »früher alles besser« war, auch wenn ich natürlich oft zu diesem Gedanken neige.

Nadou, von Nadette, von Bernadette, will nicht, dass man über sie spricht. Dahinter steckt keine geheuchelte Scham, sondern vielmehr ein ehrlicher Wunsch, anonym zu bleiben. Ich schreibe hier daher nicht ihren Familiennamen.

Gebürtig aus Sarlat im Departement Dordogne, ist sie im selben Jahr geboren wie Brigitte Bardot und Sophia Loren, wie sie mir gegenüber gerne betont, denn Nadou ist eine echte Kinoliebhaberin. Tausende Filme in ihrer Videothek. Durch Zufall wird Nadou für zwei große Schauspielerinnen arbeiten, darunter auch die, die uns hier beschäftigt.

Sie ist ein großer Fan der Kreuzworträtsel von *Télérama*, der Filme von Ernst Lubitsch, von Orson Welles, der Schönheit und Stimme von Gérard Philipe.

Du, Anna, wirst in ein paar Monaten dank Nadou, genau wie ich damals in deinem Alter, die Audiofassungen von *Der kleine Prinz* und *Peter und der Wolf* hören. Ich habe sie schon auf dem Handy heruntergeladen.

Als ich Nadou über einige Phasen in ihrem Leben ausfrage, höre ich am anderen Ende der Leitung nach kurzem Schweigen: »Ach nein, das möchte ich nicht, ich bin doch nicht interessant, um mich schert sich doch kein Mensch.« Doch ich schaffe es trotzdem, ihr ein paar Informationen zu entlocken. Sie geht 1967 nach Paris, mit dreiunddreißig Jahren, und fängt bei der Agentur Cécile Martin an, die sich auf die Arbeitsvermittlung von Hausangestellten spezialisiert hat, wie es auf der Website heißt, die Agentur existiert noch heute.

Sie zieht im Haus ein und teilt das Zimmer der Kinder. Von all denen, die sie gehütet hat, ich weiß nicht, wie viele es insgesamt waren, halten die drei letzten Mädchen, zu denen auch ich gehöre, immer noch Kontakt. Wir haben zwar nicht an Nadous Brust getrunken, aber sind dennoch Milchschwestern.

Meine Mutter stellt Nadou im Jahr 1975 ein, als sie zum ersten Mal von meinem Vater schwanger wird, als sie Viscontis Film mit Alain ablehnt, nach ihrem Urlaub in Calvi. Einige Monate später löst ein Abszess am Zahn bei ihr eine Fehlgeburt aus. Daran soll es nicht scheitern, Nadou kümmert sich um David und wartet darauf, dass der nächste Versuch fruchtet.

Nadou trägt alle Parfüms von Guerlain, beinahe eins nach dem anderen. Jicky, L'Heure Bleue und dann Shalimar hängen sich genau wie ich an ihren Hals. Ich erinnere mich an ihr Elternhaus in Sarlat, in dem sie geboren und aufgewachsen ist, in das sie mich im Sommer für ein paar Tage mitnimmt, vor allem vor dem Tod meines Bruders. Die Erinnerungen sind noch lebendig, die Küche, das kleine Wohnzimmer mit dem

Fernseher, die Treppe, die zu den Schlafzimmern führt, der große Schrank, der die beiden einfachen Betten voneinander trennt, und schließlich der Garten, der mir riesig erscheint, genauso wie der Rest des Hauses, verglichen mit meiner Größe als Drei-, Fünf-, Achtjährige. Nadou ist die x-te Schwester einer achtköpfigen Geschwisterschar, alle Sarladais.

Einige von ihnen kenne ich, da wir mehrmals die Ferien gemeinsam verbracht haben.

Cécile, die heute das Elternhaus bewohnt, Marie-Jeanne, Pauline und einige ihrer Neffen. Ich bin nicht das einzige Kind, das Nadou für ein paar Tage dorthin mitnimmt. Daran zeigt sich das Vertrauen und die besondere Bindung zwischen den Familien und diesem Kindermädchen, das noch vom alten Schlag ist. Ihr ganzes Leben hat sie den Kindern anderer gewidmet, ohne Zeit zu finden, sich selbst ein Leben aufzubauen.

Nadou kommt mit zu meinen Großeltern, als meine Mutter nicht mehr da ist. Ich gewinne zwei Frauen, die zu Hause auf mich aufpassen.

Etwas Unglaubliches muss an dieser Stelle angemerkt werden. Die beiden Frauen, meine Ersatzmütter, kannten sich bereits. Sie erinnerten sich nicht mehr daran, es lag schon zu lange zurück: Nadous Vater hieß Gaston, und Moniques Vater hieß zufällig ebenfalls Gaston. Die beiden Gastons wohnten nicht in derselben Region Frankreichs, aber sie arbeiteten beide bei der Société Générale. Als wären diese Zufälle beim Vornamen und Beruf nicht schon groß genug, treffen sich im Sommer 1945, zweiunddreißig Jahre vor meiner Geburt, ihre

Töchter Nadou und Monique zum ersten Mal in einem Ferienlager in Berbezit im Departement Haute-Loire, das vom gemeinsamen Arbeitgeber der Väter organisiert wird.

1977 werden sie sich an meiner Wiege erneut begegnen. Nach dem, was sie mir erzählen, erinnerte sich Cécile, Nadous Schwester, als Allererste an die Pierre-Schwestern wegen ihrer Blondschöpfe und ihrer kindlichen Grazie. Monique und ihre geliebte kleine Schwester Paule sind unzertrennlich. Man könnte meinen, dass es genau so kommen musste.

Nadou wird bei mir bleiben, bis ich acht Jahre alt bin. Danach geht sie zu meinen Milchschwestern Jeanne und Baladine. Diese, die letzte Kleine, das letzte Kind, auf das Nadou aufpasst, bevor sie in den Ruhestand geht, ist heute einunddreißig Jahre alt und nennt sie beim Spitznamen »Nad«, worüber ich sehr lachen muss.

Zurück in Sarlat, nachdem sie ihre Aufgabe bei uns erfüllt hatte, verschlechterte sich ihr Gesundheitszustand, sie sagt uns jedoch nichts über die Art ihrer Beschwerden.

»Wie geht es meiner Nadou?«

»Ooooh, weißt du … nicht so gut …«

Die Zärtlichkeit ihrer Stimme. Sie ähnelt hohen Tönen im Violinschlüssel mit diesem leichten regionalen Akzent. Ihre ganz eigenen Ausdrücke, ihr »Ach pff«, das ich ihr oft klaue und was so viel bedeutet wie »Was soll's?«, es kommt zum Einsatz, wann immer etwas verlorengeht, sich nicht wiederfinden lässt, sich gegen sie sträubt.

»Ich bin k. o. … aber noch lange nicht kaputze!«

Ihre auf meiner Mailbox hinterlassenen und sorgsam aufbewahrten Nachrichten.

Ein Telefongespräch nehme ich vollständig auf, damit ich bei Bedarf, wenn sie einmal nicht mehr da ist, um den Hörer abzuheben, auf ihre Zärtlichkeit zurückgreifen kann.

Das Herzstück meines Lebens, als eine der letzten noch lebenden Zeugen schließt sie die Lücken meiner Erinnerung. Im Sommer, bevor sie sich zurückzieht, fülle ich ein ganzes Heft mit ihren Antworten auf meine Fragen.

Heute hat Jeanne zwei Kinder, Baladine noch keine. Wir würden gerne »hinunterfahren«, diese Reise unternehmen, die drei tüchtigen Frauen und ihre Knirpse, Nadou wiedersehen, sie in die Arme schließen und ihr unsere Sprösslinge persönlich vorstellen.

Sie schlägt uns diesen Wunsch aus, freundlich, aber bestimmt. Am Telefon bestehen wir darauf: »Bitte, Nadou. Warum willst du das denn nicht?« Sie antwortet: »Nein, nein, ich bitte euch, ich bin jetzt zu alt dafür.« So auf ihr Äußeres bedacht. In ihrer Stimme schwingt ein verlegenes Lächeln mit. Das ist noch trauriger anzuhören. Sie würde Marguerite Yourcenar ähneln mit offenerem Blick, nicht ganz so weißen, aber dafür lockigeren Haaren.

Wir können uns gut vorstellen, dass sie uns nicht bei sich zu Hause empfangen kann. Mit dem Zug, ein Hotel, mit dem Auto, alles ist möglich. Gilles und der Vater von Jeannes Kindern verstehen beide nicht, warum wir uns damit abfinden. »Warum fahrt ihr nicht trotzdem hin, um sie zu überraschen, sie sagt zwar nein, aber sie wäre sicher außer sich vor

Freude und sehr gerührt.« Sie bestehen sogar darauf. Sie wissen, wie sehr wir sie lieben. Der Wunsch, Nadou nicht in Verlegenheit zu bringen, überwiegt alles andere. Verdammt, sie wird die Augen geschlossen haben, wenn ich sie wiedersehe.

Ich versuche, sie so oft wie möglich anzurufen, Jeanne versucht es auch, obwohl wir uns schuldig fühlen, nicht mehr zu tun. Neulich habe ich ihr endlich mit der Post ein Dutzend Fotos von dir geschickt. Ich hatte es seit deiner Geburt noch nicht geschafft, leider will Nadou nicht, dass wir ihr ein Smartphone schenken, mit dem wir ihr bequemer Fotos von den Kindern ihrer Kinder schicken könnten. Sie befürchtet, es nicht bedienen zu können. Also drucke ich die Fotos aus und schicke alles mit der Post los. Ich sehe zwar, dass der Klebestreifen auf der Rückseite des Umschlags nicht so gut haftet, aber ich verschließe ihn trotzdem nicht zusätzlich mit Tesafilm. Ich schreibe auf die Vorderseite »bitte nicht knicken« und auf die Rückseite meinen Namen, meine Adresse.

Zwei oder drei Tage später ruft mich Nadou an, der Umschlag ist leer angekommen.

Ich bin am Boden zerstört.

Sie und dein Vater fragen mich: »Warum hast du denn deinen Namen auf die Rückseite geschrieben? Und warum hast du sie nicht per Einschreiben verschickt?« Was glauben sie denn?

Ich: »Jetzt hört aber auf …! Ich bin schließlich nicht Catherine Deneuve, mein Name ist nicht so bekannt, der Umschlag muss von selbst aufgegangen sein, bestimmt war das ein reiner Zufall …?«

Ich will meine Situation nicht mit deiner verwechseln. Ich lasse mich ablenken durch die Suche nach meinen eigenen Erinnerungen. Ich frage mich, was für mich wichtig zu wissen ist, um weiterzukommen. Ich weiß nicht mehr, ob ich denen, die noch da sind und bald gehen müssen, die richtigen Fragen gestellt habe, die Zeit drängt. Brauche ich all diese Antworten, um dich großzuziehen? Noch einmal erlebe ich eine irgendwo verschüttete, fast unbekannte Epoche, eine aus meinem lebendigen Gedächtnis, aus meinem Arbeitsspeicher gestrichene Zeit.

In den ersten Monaten gibt es nur Geruchs- und Tastsinn. Die flüchtigsten Sinne. Mit dir im Arm werde ich in meinen Zustand als kleines Mädchen zurückversetzt.

Wie war ich in deinem Alter? Wie klang meine Kinderstimme? Wie komme ich bloß auf diese seltsame Frage?

Ich tue so, als wolle ich die Erinnerungen an meine frühe Kindheit nicht teilen, aber in Wahrheit habe ich keine oder nur sehr wenige, ich erinnere mich nicht mehr daran. Beinahe schäme ich mich dafür. Man wirft sich vor, sich nicht zu erinnern. Als wäre es nicht normal. Als könnte ich nicht ihre Tochter sein, wenn ich mich an nichts erinnere.

»Haben Sie Erinnerungen an Ihre Mutter?« Wenn man mir diese Frage stellt, habe ich das Gefühl, man bitte mich darum, in allen Einzelheiten die intimsten Teile meiner Anatomie zu beschreiben. Lange Zeit antwortete ich mit geröteten Wangen, dass ich sie lieber für mich behalten würde. Eines Tages entgegnete ich schließlich: »Wie wollen Sie denn vor dem Alter von viereinhalb Jahren Erinnerungen haben?«

Was ich im Gedächtnis habe, beschränkt sich auf Blitzlichter, auf unzusammenhängende Bilder. Meine Mutter und ich, beide auf dem Bett, beim Frühstücken. Diese Episode habe ich oft wiedererlebt, zu meiner eigenen gemacht, weil sie von irgendeinem Fotografen verewigt wurde. Ich muss knapp drei Jahre alt gewesen sein, es ist vor dem Unfall meines Bruders, meine Mutter ist da, sehr lebendig, fröhlich, wir spielen zusammen. Das Foto wirkt trotz des anwesenden Eindringlings kaum inszeniert. Ich behalte die Spontaneität eines Kindes, das mit seiner Mutter spielt. Ich posiere, ohne dass es danach aussieht. Es gab zum Glück viele andere ähnliche Frühstücke, die niemand fotografiert hat, deshalb war mir diese Szene auch immer so vertraut.

Ich merke, was dich interessiert, Anna, was dich beruhigt, und spüre selbst, wie mir die Tränen kommen, wenn ich mit dir Julien Clerc höre, wie er *Émilie Jolie* singt.

Weine ich, weil ich das Lied selbst gehört habe, als ich klein war, oder weil ich es gar nicht fassen kann, es jetzt dich, meine Tochter, hören zu lassen? Es ist nicht schlimm. Es ist nicht so, dass diese Augenblicke nicht existiert haben, nur weil ich mich nicht daran erinnere, sie hallen nach. Ich merke, was jetzt wichtig ist, für dich.

Ebenso das Gesicht meiner Großmutter, ihr Blick in meinem, strahlend vor Liebe für mich. Den Kopf auf ihrem Schoß, ihre dünnen Oberschenkel unter meiner linken Wange, und mit der Hand streicht sie mir über die rechte. So ist es, ich habe sie immer auf der linken Seite des Sofas sitzen sehen. Mit dem Nagel ihres gebrochenen kleinen Fingers bleibt sie leicht an meiner Haut hängen.

Gestern Abend habe ich dich nach dem Baden abgetrocknet, ich hatte den Eindruck, wieder das Handtuch auf meiner Babyhaut zu spüren und die Wärme, wenn man darin eingemummelt ist. Vielleicht waren es das Wasser, meine und deine nackte Haut und die Berührung der Hände beim Abtrocknen. Durch dich tauche ich ein und wieder auf, in einer einzigen Bewegung. Wie der *Swimmer in the Secret Sea* von William Kotzwinkle, den dein Vater gerade liest, weiß Gott, warum. Dieser kurze Roman endet mit einer Nicht-Geburt, einem totgeborenen Kind. Es versteht sich von selbst, dass ich ihn niemals lesen werde.

1985

Wir spielen *Das kleine Mädchen, das du nicht kennst.*

Wie Nadou und ich auf dieses Spiel gekommen sind, weiß ich nicht mehr. Ich bin *das kleine Mädchen*, die Anführerin des Spiels, und mein Kindermädchen muss mir Fragen stellen. Wir spielen es im Park, auf der Straße. Draußen. Auf dem Heimweg von der Schule, auf dem Heimweg vom Einkaufen, auf dem Heimweg eines jeden anderen Ausflugs.

Ich rufe: »Spielen wir das kleine Mädchen, das du nicht kennst?« Die Zauberformel. Nadou lacht ihr sanftes und hohes Lachen, das Spiel beginnt. Wahrscheinlich meckert sie ein bisschen, denn ich will es oft spielen, sie hat nicht immer die Energie oder den Kopf dafür, trotzdem weist sie mich fast nie zurück. Wenn ich gerade noch neben meiner Spielpartnerin hergelaufen bin, gehe ich nun ein paar Schritte voraus, um etwas Abstand zwischen uns zu bringen und aus uns zwei Unbekannte zu machen.

Ihr »Entschuldigen Sie, junges Fräulein« bringt das Spiel in Gang. Ich drehe mich um, nachdem ich einige Sekunden lang so getan habe, als würde ich nichts hören.

»Was machen Sie hier?

Woher kommen Sie?

Wohin gehen Sie?

Was machen Sie beruflich?«

Ich antworte auf die Fragen. Auch wenn der Titel des Spiels »das kleine Mädchen« lautet, spiele ich natürlich eine Erwachsene. Oder bin zumindest groß genug, um allein auf der Straße unterwegs zu sein.

Freiheit, Verantwortung, für die Dauer einiger Minuten. Dinge, die große Leute zu erledigen haben. Ein Leben erfinden und daran glauben.

Ich werde noch warten, bevor ich dir sage, dass ich dich oft einfach schnappen und mit dir ans Ende der Welt gehen wollte. Dass mir die Idee durch den Kopf geschossen ist, dich nicht in der Krippe anzumelden. Dich bei mir zu lassen, bis zu deinem verpflichtenden Eintritt in den Kindergarten, dich in den ersten Jahren selbst zu unterrichten. Dich ganz für mich allein zu behalten. Mich mit dir einzuschließen. So wie ich es mit meiner Mutter hätte machen wollen und jetzt mit meiner Großmutter, bis zum Schluss.

Dich mit Haut und Haaren zu verschlingen.

Ich bin mal deine Mutter, mal dein Kind. Ich wäre gerne du, noch einmal klein.

Ich werde wieder das kleine Mädchen, das in die mütterlichen Arme rennen will. Obwohl ich erwachsen sein muss, entdecke ich bei mir überrascht die Bedürfnisse eines Kindes. So wie du hätte ich meine Mutter gerne ständig um mich. Ich beneide dich fast. Sofort rufe ich meine Großmutter an. Sie ist da, Tag und Nacht. Ich würde gerne bei ihr einziehen. Bei meinen Großeltern wohnen. Es bis zum Ende genießen, die Zeit drängt. Ich will meiner Großmutter schon jetzt sagen, wie sehr sie mir fehlen wird. Sie streichelt mich sanft: »Du darfst nicht weinen, mein Schatz, du wirst dich an all die guten Momente erinnern, die du erlebt hast, an all die Liebe.« Ich antworte ihr: »Natürlich, Oma.« Und umfasse ihre vorstehenden, sehr zarten Schulterblätter.

Ich beuge leicht die Knie, um auf ihrer Höhe zu sein, den Mund an ihrer Wange, die Nase an ihrem Hals. Ich schließe die Augen, präge mir ihren Körper ein, die Struktur ihrer Haut. Ihr Parfüm Jean-Louis Scherrer.

Es ist seltsam, sich zu verabschieden, obwohl alle noch am Leben sind. Es ist uns zur zweiten Natur geworden. Mit dem Schlimmsten zu rechnen, die Dinge auszusprechen, bevor es zu spät ist.

Mein Kind, ich verwechsle meine Bedürfnisse mit deinen. Du wirst deine Mutter, deinen Bruder behalten (und sollte es anders kommen, wirst du es trotzdem schaffen). Ich kümmere mich um dich, als wärst du ich, weil ich so sehr das Gefühl habe, zu wissen, was du brauchst. Als würdest du mich verlieren. Wie kann ich nur derart überwältigt sein? Ich will all das zurückgeben, was man mir gegeben hat und was mir erlaubt hat, es bis zu dir zu schaffen.

Es wird nicht gehen, es wird zu viel sein. Ich werde lernen, abzuwägen, auf dich zu hören. Alles wird sich mit der Zeit finden. Ich streichle dir über die Stirn, über den ersten Haarflaum, so wie es mein Vater bei mir gemacht hat. Heute knie ich mich vor dich hin, ich sage deinen Vornamen, um deine Aufmerksamkeit zu bekommen, damit die Zeit stehenbleibt, blicke dir direkt in die Augen. Ich flüstere. Nehme deine Wangen in die Hände. Beruhige dich, ich lasse dich frei, du gehst wieder spielen. Das alles dauert nur einen Augenblick, allenfalls drei Sekunden. Viel weniger lang, als ich brauche, um die richtigen Worte zu finden und deutlich zu machen, was ich in diesem Moment fühle.

Du spielst nur mit der Kordel meines Sweatshirts, du weißt schon, welche Art Mutter ich bin, ich sehe es dir an. An meiner Art, dich zu küssen, dich anzuschauen, dich zu fangen, spürst du schon, dass ich es übertreibe, du hast es verstanden. Du weist mich zurück. Ich gehorche dir, versuche, mich zu beruhigen. Ich küsse dich nicht nur aus Freude, sondern auch aus Angst, dass es plötzlich aufhört. Als wäre es das letzte Mal. Es tut weh, so sehr zu lieben. Es ist eine ängstliche Liebe. Ich sollte aufhören, Angst zu haben. Diese Liebe ist nur ein bisschen stärker als andere. Das ist alles.

Mein Körper fühlt sich erschöpft an. Der kleinste Schmerz wirft mich auf mein Alter zurück, auf meine physische Verfassung und das dringende Bedürfnis, »bei guter Gesundheit« zu bleiben. Für dich meine Fähigkeiten zu optimieren. Dich so lange wie möglich zu begleiten, wenn du mich brauchst.

Ich bin angespannt. Bin nicht ganz auf der Höhe. Die unendliche Verantwortung macht mir Angst. Ich habe das Gefühl, es schlecht zu machen. Verliere die Geduld wegen Kleinigkeiten. Wegen einer Mahlzeit, die du verweigerst, einer Aufgabe, die ich nicht schaffe. Dich zudecken, damit du dich nicht erkältest, die Vitamine, die wir dir geben müssen. Der kleinste Kratzer ist Anlass zur Sorge. Ich spüre, welche Risiken mit meiner ängstlichen Liebe einhergehen: dich zu sehr zu beschützen, dich zu ersticken. Die Angst macht mich aggressiv. Ihr, dein Vater und du, seid die ersten Opfer meiner gereizten Nerven. Es gibt Tage mit Selbstvertrauen. Es gibt Tage ohne. Monique erzählt mir, dass sie sich ihr ganzes Leben lang gezwungen hat, alles immer auf eine bestimmte Art zu machen. Die täglichen Aufgaben in einer genauen Reihenfolge zu erledigen, damit alles tadellos ist. Was muss das für eine Zeit gewesen sein für die Hausfrauen in den fünfziger, sechziger Jahren ohne ein einziges elektrisches Gerät, um sie zu unterstützen. Mir steht es nicht zu, mich zu beklagen. Sie gesteht mir, wie sehr sie sich zu einer täglichen strengen Routine gezwungen hat. Sagt mir immer wieder, dass ich mich entspannen soll, es gibt mal wieder etwas Unvorhergesehenes zu putzen? Das ist nicht weiter schlimm. Sie erkennt es erst mit den Jahren. Dank ihr gewinne ich Zeit.

Noch immer gerührt erzählt sie mir eine Geschichte aus ihrem Leben als junge Mutter, als sie bei Charly, ihrem Jüngsten, lauter als nötig wurde, vielleicht weil er das Subtrahieren oder Lösen irgendeines anderen Problems in Mathe nicht hinbekam. Meine Großmutter hat immer noch die sanfte und flehende Stimme ihres kleinen Sohns im Ohr: »Bitte nicht weinen, Mama.«

Heute trägt sie mir auf, mich nicht über dich aufzuregen. Und ich halte ihr Wort in Ehren. Mit einem Kind muss man gleichzeitig an alles und nichts denken. Was macht es schon, wenn du eine ganze Woche lang dieselbe Latzhose trägst? Ich bringe alles durcheinander. Ich erhole mich nur richtig, wenn du ein paar Tage bei Monique und Bernard verbringst. Dann kann es passieren, dass ich für ein paar Minuten, vielleicht für eine Stunde, vergesse, dass ich Mutter bin. Ich bin sehr erheitert, wenn ich mich dann plötzlich wieder daran erinnere. Wenn ich mir sage: *Sieh an, ich habe gar nicht mehr daran gedacht, ich war ganz woanders.*

Das passiert mir zum Glück immer häufiger.

Die Angst, einen kurzen Moment lang spiele ich mit ihr. Ich stelle mir deinen Tod vor. Wir schlafen, jede in ihrem Zimmer. Wie gewohnt wache ich vor dir auf, und während der paar Minuten, die zwischen meinem und deinem Wachwerden liegen, lasse ich den Verdacht aufkommen, dass etwas ungewöhnlich ist. Was, wenn du nicht mehr atmen würdest, während ich noch denke, dass du friedlich schläfst? Dennoch stehe ich nicht auf, um nachzusehen und mich zu beruhigen. Ich stelle mir vor, wie ich deinen Körper auffinde, ohne Sauerstoff, winzig und fast kalt. Höre den Schrei, der aus meinem Inneren herausbrechen würde, oder mein eigenes Ersticken. Ich gehe so weit, mir den Rest meines Lebens vorzustellen, wenn du nicht mehr da wärst.

Nach dir, wohin würde ich gehen, wenn ich noch am Leben wäre?

Eines Abends rede ich kurz mit deinem Vater darüber, mitten in einem alltäglichen Gespräch. Ich lege ihm meinen Plan dar, mich, falls das Allerschlimmste eintreten sollte, von der Welt zurückzuziehen, auf eine verlassene Insel vor der Küste irgendeines Kontinents. Er stellt sich vor, wie schwierig die Situation für ihn wäre, aber spricht dennoch den Gedanken aus, dass wir zusammenbleiben sollten, dass unsere Partnerschaft dieses Drama überleben könnte. Dieser Wahnsinn dauert jedoch nicht lange an, und wir kehren schnell zu den Karotten und dem Lauch zurück. Wir standen gerade in der Küche.

Um zu verstehen, um mich zu bessern, muss ich alles ins Reine schreiben. Mich davon abhalten, Angst zu haben. Wie soll ich nicht denken, dass Unfälle, zu frühe Todesfälle passieren, wenn es sie in meinem Leben schon gibt? Wie soll ich nicht in Panik ausbrechen, wie soll ich mich davon überzeugen, dass es nicht wieder vorkommt?

Schon jetzt bitte ich dich flehend um Nachsicht. Um eine gute Beziehung zu den eigenen Eltern zu haben, muss man sie verstehen, erkennen, wodurch sie gegangen sind. Ich wiederhole es, ich kann nicht anders. Von allen Seiten bin ich umzingelt. Ich habe Angst vor meinem Tod und vor deinem. Dass dir etwas zustoßen könnte, eine Krankheit, die ich nicht hätte verhindern, ein Virus, vor dem ich dich nicht hätte beschützen können. Ich habe keine Angst, dass mein eigenes Leben aufhört. Ich habe nur Angst, mir vorzustellen, wie es dir ohne mich erginge. Dabei habe ich es selbst überlebt, du könntest es auch schaffen.

Das kann ja heiter werden.

Und wenn ich einmal nicht an das Unabwendbare denke, dann zumindest an das Blut überall, in deinem Gesicht, an einen abgebrochenen Zahn, eine aufgeplatzte Lippe, eine ausgerenkte Schulter, ein gebrochenes Bein. Ich kann noch so viel tun, es wird dir so oder so passieren. Ich kann dich nicht in Watte packen und eine Glasglocke darüberstülpen. Wenn ich es tun würde, wäre ich diejenige, die man einsperren müsste.

Du wirst hinfallen, du wirst dich schneiden, du wirst dich verbrennen, unzählige Male, wie alle anderen Kinder auch.

Ich sage dir jetzt schon, du wirst nie einen Motorroller bekommen (dafür gibt es gar keinen Grund, ich hatte schließlich auch keinen). Ich werde einen GPS-Sender unter deinem Auto anbringen, um dir überallhin folgen zu können, ich werde dein Handy tracken, ich werde dir einen Chip in die Haut einpflanzen. Du wirst mich hassen. Ich werde selbst nicht davonkommen, nicht mit heiler Haut. Was ist mit Tattoos und Piercings? Mit illegalen Substanzen? Das eine geht nicht unbedingt mit dem anderen einher. Ich bin noch lange nicht fertig.

Ich muss mich endlich ein für alle Mal beruhigen. Wenn ich so weitermache, bin ich diejenige, die sterben wird, ich sterbe schon jetzt vor Angst um dich. Dein Vater ist da. Er sieht mich an, verstört.

Nach außen hin erwecke ich, glaube ich, den Eindruck, normal zu sein, fast ungerührt. Ich spiele die gelangweilte Mutter, die genug von ihrem Nachwuchs hat. Innerlich schwanke ich von einem Extrem zum anderen, angsterfüllt und fasziniert. Ich beherrsche mich, dich nicht zu küssen, beherrsche mich, nicht zu weinen, aus Angst, dass du stürzt.

Samstag, 26. Mai 2018

Ich bin auf dem Heimweg von deinen Urgroßeltern. Der Taxifahrer hatte offensichtlich einen schlechten Tag: Streik, Hitze, eine angespannte Lage auf den Straßen, Unfälle. Der stockende Verkehr auf der Ringautobahn hilft auch nicht gerade. Wir nehmen die Ausfahrt Porte d'Aubervilliers, denn Porte de la Chapelle ist gesperrt. Schließlich erreichen wir über kleine Straßen den Boulevard de la Chapelle. Schon eine halbe Stunde im Auto und neununddreißig Euro auf dem Taxameter (Anfahrt und Nachttarif, nehme ich an). Es ist ungefähr 20 Uhr. Plötzlich wird die Straße von einer Menschentraube mitten auf der Fahrbahn blockiert. Du bist in deinem Autositz, friedlich, und schläfst. Der Taxifahrer und ich verstehen nicht sofort, was los ist. Die Leute auf der Straße sehen alle zu einem Gebäude zu unserer Rechten. Ich folge den Blicken und bleibe bei einem Balkon im vierten Stock hängen.

Ein Baby, oder nein, eher ein Kind. Es ist größer als du, das kann ich erkennen. Ich rufe dem Fahrer zu: »Da ist ein Baby! Ein Baby.« Der kleine Junge klammert sich am Balkongeländer fest, die Füße baumeln in der Luft, ein Mann klettert an der Hausfassade hoch, vom Gehsteig aus, wo sich die Menge versammelt hat, ich sehe, wie er vom dritten zum vierten Balkon steigt, bis zu dem kleinen Jungen, der durchgehalten hat. Wir erleben die Rettung live mit.

Der Taxifahrer und ich sind sprachlos. Unten klatschen alle. Gerade hatte mir der Taxifahrer noch erzählt, wie eilig er es habe, nach Hause zu kommen und seine Kinder wiederzusehen. Jetzt sind auch wir zu Hause, ich rufe meine Großeltern an, um ihnen zu sagen, dass wir gut angekommen sind. Es ist ein Reflex, dass wir uns gegenseitig beruhigen, wann immer wir uns von der Stelle bewegen.

Noch am selben Abend suche ich im Internet nach Details zu dem Vorfall, der mir wie eine Sinnestäuschung vorgekommen ist. Überzeugt davon, dass sofort alles zugänglich ist, dank der sozialen Medien. Doch es wird noch vierundzwanzig Stunden dauern, bis diese Rettungsaktion viral geht.

Mehrere Petitionen erscheinen online, fordern die Aufenthaltsgenehmigung für Mamoudou Gassama, den Retter, einen jungen zweiundzwanzigjährigen Malier ohne Papiere.

Seit du auf die Welt gekommen bist, habe ich das Gefühl, überall Kinder zu sehen. Kinder in Gefahr, damit ist wirklich nicht zu spaßen.

Heute Morgen fällst du vom Wickeltisch. Ich bin nicht im Zimmer, dein Vater wickelt dich. Ich höre ein ungewöhnliches Geräusch und eile zu euch. Du bist schon in seinem Arm, als ich komme, beruhigt, besänftigt. Dein Vater erklärt mir, dass er sich nur zwei Sekunden gebückt hat, um ein Wickeltuch aufzuheben, da hast du dich schon selbst aufgerollt, bist halb auf seinem Rücken und dann auf dem Parkett gelandet, mit einem Schrecken davongekommen. Ich stelle mir die Szene beim Zuhören vor. Der dumpfe, leise Schlag hallt mir noch in den Ohren. Ich würde dich ihm am liebsten aus dem Arm reißen, auf dem du dich so wohlzufühlen scheinst, überzeugt davon, in meiner Maßlosigkeit, dich als Einzige beruhigen zu können. Ich beherrsche mich zum Glück, aber ich gehe raus in den Flur und schlage mir ins Gesicht. Ohrfeige mich, damit du nicht die Einzige bist, die leidet, um mehr zu leiden als du, dir sofort den Schmerz zu nehmen, während du schon nicht mehr weinst. Weil ich mir vorwerfe, dass ich diesen Sturz nicht verhindern konnte. Dein Vater ist schon unglücklich. Und es wird noch so viele andere Beulen geben, aber ich gehe so weit.

Durch deinen Schmerz höre ich meinen eigenen. Ich habe das Gefühl, dass du mehr leidest als ich. Das ist nicht der Fall. Ich heule, du nicht. Du entdeckst die Welt. Ich erlebe sie ein zweites Mal. Ich habe ein zweites Mal Angst.

Dein erster Sommer ist fröhlich und heiß. Die wichtigste Ausstattung unserer Tage: dein kleiner weißer Stoffhut und ein Thermalwasserspray, das dein Bruder fest an sich drückt, hinten auf der Rückbank, dicht neben dir, während unserer Autofahrten.

Wir rechnen uns aus, auf welcher Seite die Sonne hereinfällt, bevor wir deinen Kindersitz festschnallen. Stoffstücke oder andere Tücher werden in die Fenster geklemmt.

In diesem Sommer schreibe ich nicht. Die Tage vergehen, es ist die Zeit für die Familie, für Beschäftigungen mit den Kindern. Die Weltmeisterschaft.

Du riechst nach Pfirsich. Du riechst nach allen Früchten des Sommers. Und nach Butternudeln.

Einmal, ein einziges Mal, glaube ich, ungefähr mit fünfzehn Jahren, träume ich, dass sie noch am Leben sind. Dass sie es immer waren. Meine Mutter und mein Bruder waren nur eingesperrt während dieser ganzen Zeit, unsichtbar. Sie kommen heraus, ich sehe sie! *Aber warum hat man euch versteckt?* In meinem Traum antworten sie, aber ich weiß nicht mehr, was sie sagen. Ich glaube, es gibt keine konkrete Erklärung dafür. Damals schreibe ich meine Träume noch nicht auf. Es fällt mir schwer, mich daran zu erinnern. Innerhalb dieses Trugbilds spüre ich Erleichterung und Wut. Ich wache danach beinahe sofort auf. Es ist ein Traum am Morgen. Ich brauche zwei Sekunden, um aufzutauchen und zurück in die Wirklichkeit zu finden. In der ersten Sekunde denke ich, dass alles wahr ist. Ich bin zwar im Bett, aber das ist normal, ich habe sie gerade verlassen und werde sie gleich wiedersehen. Diese erste Sekunde kommt mir zum Glück ewig vor.

In der nächsten Sekunde verstehe ich, dass das, was ich gerade erlebt habe, unmöglich ist.

Die heftigste Ohrfeige hätte mir keinen größeren Schmerz zufügen können.

Das Ende deiner ersten Eingewöhnungswoche in der Krippe. Du bist ein Fisch im Wasser. In dieser Übergangsphase leiden die Eltern im Allgemeinen am meisten. Für dich ist alles in Ordnung, der Beweis ist das Grübchen auf deiner rechten Wange, durch das deine sichtliche Freude etwas Verschmitztes bekommt. Du weißt noch nicht, wo dir der Kopf steht. Überall Hindernisse, Spielsachen. Du entdeckst die dritte Dimension. Schläfst viel. Ich präge mir die Vornamen der Erzieherinnen ein. Fotografiere die Übersicht des Personals, die am Empfang aushängt, ich habe kein gutes Gedächtnis für Namen, das ist ein echtes Problem bei mir. So begrüße ich jeden Morgen wie durch Zauberhand Patricia, Florence, Carol, Lorène. Ich gebe mir Mühe, ich will, dass sie sich gut um dich kümmern, dass sie dich mögen.

Am nächsten Tag sind wir bei Freunden zum Abendessen eingeladen. Wir wollten erst nicht hingehen, aber ändern unsere Meinung schließlich, der Abend ist schön, und wir möchten gerne wieder in diesen Kreis zurückkehren. Es sind enge Freunde deines Vaters, die sofort auch meine eigenen geworden sind. Émilie ist auch da, im achten Monat schwanger. Die erste Frau, die nach mir schwanger wird, unter diesen Freunden, unter uns. Sie wohnt nicht in Paris, ich sehe sie seltener und kenne sie daher auch weniger gut. An diesem Abend bin ich die Letzte, die erlebt hat, was ihr unmittelbar bevorsteht. Ich verkneife mir jeden Ratschlag, es ist unerträglich, andere ungefragt damit zu überhäufen, und warum auch, mit welcher Begründung sollte ich meine noch ganz neue Erfahrung mit ihr teilen, während alle an diesem Abend anwesenden Freunde auch Eltern sind, und zwar schon viel länger als ich. Es stimmt, sie haben es vergessen, für mich ist es noch frischer. Ich erzähle ihr nur von deinem zu spät durchtrennten Zungenbändchen für den Fall, dass sie es mit dem Stillen probieren möchte und es zu schmerzhaft findet. Ich beruhige sie sogleich, dass ich sie mit meiner Mutterschaft nicht vollquatschen werde, dass sie auf sich selbst hören soll, sich selbst vertrauen soll, sie wird das sehr gut machen, sie ist die Mutter. Jetzt ist es an mir, und ich kann es kaum glauben, zu sagen: »Genieß es, es geht zu schnell vorbei.«

Heute klammere ich mich daran, unser einzigartiges Gleichgewicht in dieser neuen Familie aufrechtzuerhalten. Gilles und ich sind erschöpft. Wir halten in den Händen, was aus uns ein Paar macht, die überwundenen Schwierigkeiten, das Lachen, das Weinen, die Umarmungen, die zugeschlagenen Türen. Unsere Geschichte. Wir sind fasziniert von dem, was diese Geschichte hervorgebracht hat, von dir. Die Geschichte deiner Eltern, die dich sicher besonders interessiert.

Dein Vater und ich kämpfen gegeneinander und beide gegen die eigenen Schwächen, unseren Frust, unsere hochfliegenden Träume. Seine Familie ist von einem anderen Schlag als meine. Während meine übertreibt, weiß seine nicht immer, wie sie miteinander reden, wie sie sich lieben, wie sie es einander sagen sollen. Gilles will ein anderer Vater sein, als seiner es war. Manchmal lasse ich den Kopf hängen. Er auch. Wir bemühen uns jedoch beide sehr. Du spürst es genauso wie wir. Jenseits unserer Wutausbrüche wollen wir das Gelingen dieses Familienunternehmens. Ein großartiges Viereck voller Wendungen. Meine Sorgen sind nicht die seinen und werden es auch niemals sein.

Er wird versuchen, meine tiefsitzenden, instinktiven Ängste zu akzeptieren, und mein ungestümes Herdenverhalten, das damit einhergeht. Er kann nicht gegen die Schrecken dieser Geschichte ankämpfen.

Für den Bruchteil einer Sekunde denke ich nicht normal.

Ich beneide deinen Vater, wenn ihr zusammen seid. Ich wünschte, dass du nur mir gehörst, dass du nur mich brauchst, ich wäre gerne die Einzige, nach der du dich umdrehst. Ich schreibe es auf, um mich auf gar keinen Fall so zu verhalten. Damit diese Gedanken das Papier nicht verlassen, damit sie sich nicht verkörpern, niemals konkret werden. Ich schreibe sie auf, um sie einzusperren. Um mir bewusst zu machen, wie absurd sie sind. Die Angst existiert nur hier, schwarz auf weiß. Darüber hinaus wird sie weder erwähnt noch gesehen. Weine ich um meine Vergangenheit, weil meine Gegenwart mit deinem Vater schwierig ist?

Als er diese Seiten in der Hand hält, wirft er mir vor: »Na bravo, in deinem Buch komme ich rüber wie ein Alkoholiker auf Santorin, und wir stehen kurz vor der Trennung.« Ich breche in schallendes Lachen aus. Er stimmt ein.

Wir verbringen zu Weihnachten einige Tage bei meinen Großeltern.

Monique, du und ich auf dem Sofa. Es ist Nachmittag, der Mittagsschlaf ist zu Ende, du wachst langsam auf meinem Schoß auf. Mit der Fernbedienung in der Hand klickt Oma die Fernsehprogramme durch. *Sissi – Die junge Kaiserin* läuft im Fernsehen. Ich: »Stopp, warte!« Oma: »Oh ja, da ist deine Mutter!« Wir beide im Chor: »Schau, Anna! Da ist die Oma, da ist die Oma, mein Liebling!« Du: »Oma?«

Du verstehst überhaupt nichts mehr, du weißt nicht mehr, wen du anschauen sollst, Oma Monique oder den Fernseher. Gabriela, meine Schwiegermutter, ist auch deine »Oma«. Wer ist dann diese Frau? Ich habe dir nichts erklärt. Ich habe das Gefühl, dass es dafür noch zu früh ist. Kannst du die Identitäten jeder dieser Frauen aufnehmen? Ich kann mir noch nicht vorstellen, mich mit dir hinzusetzen, mit den Fotos meiner Mutter, mit David in den Händen, dir zu sagen, wer wer ist, dir ihre Namen und ihren Platz in der Familie zu erklären. Und wenn du mich fragen würdest, wie du es schon jetzt bei jeder Person machst, die du kennst, »wo sind sie?«, was sollte ich darauf antworten?

Ich habe Sinatra schon immer geliebt. So weit ich zurückdenken kann. Ich sehe mich wieder als Jugendliche, meinen Vater am Lenkrad, am rechten Seineufer, den Eiffelturm in Sichtweite. Diese kurzen Augenblicke, an die man sich noch perfekt erinnert, wegen eines Details, eines Orts, eines Geruchs, einer Farbe, eines Klangs.

Wir genießen die Landschaft, in gemächlicher Geschwindigkeit, wir beide, er und ich, wir lieben es, im Auto Musik zu hören. In einer angenehmen Lautstärke. Der Crooner kommt im Radio. Ich singe glücklich aus vollem Halse mit, und mein Vater erzählt mir etwas, das ich noch nicht wusste:

»Es ist merkwürdig, dass du Sinatra magst, deine Mutter mochte ihn auch sehr.«

Das wusste ich nicht. Diese Bemerkung höre ich zum ersten Mal. Wo wird die Vererbung noch zum Vorschein kommen? Du wirst zu mir sagen, wer mag Sinatra denn nicht?

Mein Vater raucht im Auto. Ich beobachte ihn beim Fahren. Von ihm gehen eine Schönheit und Sicherheit aus, die ich immer bewundert habe. Seine Hände am Lenkrad, in derselben Haltung wie ein Rennfahrer. 1981 gewinnen sein kleiner Bruder und er die Rallye Paris–Dakar in der Kategorie Range Rover. Nach diesem Sieg bietet man ihm die Aufnahme in einen Motorsport-Rennstall an. Noch heute bereut er, dass er abgelehnt hat.

Seine Hände immer noch am Lenkrad und dieser Siegelring am kleinen Finger der rechten Hand (einmal für einen kurzen Moment verloren, im Sommer, im Sand am Mittelmeer, da sah ich, wie mein Vater kreidebleich wurde), ein Geschenk meiner Mutter, die ihn selbst von ihrem Vater geschenkt bekommen hatte. Ein blutbefleckter Stein, flaschengrün mit roten Sprenkeln, während ich »blutbefleckt« schreibe, könnte ich in schlechter Angewohnheit glatt so weit gehen, darin eine Vorahnung zu sehen, ich höre schon, wie mein Vater an dieser Stelle in Gelächter ausbricht, die Hände über dem Kopf zusammenschlägt, als wolle er sagen: *Das ist nicht dein Ernst, liebe Tochter!* ...

In den Stein eingraviert sind die Initialen meines Großvaters mütterlicherseits, zu denen meine Mutter die Buchstaben D und R hinzugefügt hat. Für Daniel und Romy (ich hätte die Vornamen wenigstens ausgeschrieben).

Wenn wir diesen Ring gemeinsam ansehen, sagt mein Vater immer zu mir:

»Er gehört dir, weißt du.« »Ja, ich weiß, Papa.«

1990

Ich wachse gut auf. Mein treuer Begleiter ist der gelbe wasserdichte Walkman, der beim Schließen laut klackt. Ich bin glücklich, aber habe keine besonderen Leidenschaften. Ich träume mein Leben mit Kopfhörern auf den Ohren. Michael Jackson, *Off the Wall*. Ich weiß nicht, wer ich werden will. *Thriller* und *Bad*.

Nichts ist für mich von Bedeutung. Madonna, *Like a Virgin*. Ich prokrastiniere. Prince, *Purple Rain*. Ich mache alles auf den letzten Drücker. Elton John, *double best of*. Ich lehne jede Verpflichtung ab. Eric Clapton, *Unplugged*. Mit ein bisschen Mühe könnte ich eine gute Schülerin sein. Derek and the Dominos, *Bell Bottom Blues*.

Warum überwiegt meine Faulheit so oft? Diese Frage stelle ich mir immer noch. Cyndi Lauper, *True Colors*. Ich mag keine Anstrengung, nichts, was mich etwas kostet. Rod Stewart, *Maggie May*. Ich schlage mich durch, aber »sie könnte mehr aus sich machen«. Queen, *Bicycle Race*. Ich bin eher der langsame Typ. Peter Gabriel, *Secret World Tour*. Für alles brauche ich eine Ewigkeit. Alain Bashung, *Bijou Bijou*. Jede noch so kleine Entscheidung, jede Frist unterstreicht meine Trägheit. Dire Straits, *Sultans of Swing*. Ich lebe ganz gut damit.

Nur mit dem Tanzen habe ich meine Probleme. Aerosmith, *Amazing*. In meinem Kinderzimmer bei uns zu Hause klappt es gut. Whitney Houston, *So Emotional*. Wenn ich ausgehe, bleibe ich am Rand der Tanzfläche stehen. Julien Clerc, *Partir*. Ich gehe nicht in der Bewegung auf. Phil Collins, *Separate Lives*. Das Problem ist nicht die Koordination der Arme und Beine. Pretenders, *Brass in Pocket, Don't Get Me Wrong, Message of Love* (eigentlich alles). Ich habe ein Gefühl für den Rhythmus oder ein musikalisches Gehör. Pearl Jam, *Alive*. Mir fehlt nur der Mut zur Bewegung. Lenny Kravitz, *Let Love Rule*. Ich wiege die Hüften nicht bis zum Schluss wie einige meiner Kameraden, die ich auf den Feten fasziniert beobachte. The Police, *Synchronicity II*.

Warum kann ich den Arm nicht höher heben, das Bein nicht weiter nach links, oder warum wird mein Hals nicht lockerer und gibt meinen Kopf frei?

Ich bin steif, klebe am Boden fest. Ich hebe nicht ab.

Mein familiäres Umfeld ermutigt mich, lobt mich, beglückwünscht mich noch zu jedem Nieser, da ist nichts zu machen.

Das Problem verstärkt sich mit dem Alter nur, dein Vater bezeichnet meinen Stil zu Recht als »im Abseits der Tanzfläche«. Es ist wie mit dem Erlernen einer Fremdsprache, wenn man nicht schnell damit anfängt, wird es nur noch schwieriger, je älter man wird.

Etwas in mir weigert sich, will sich nicht bewegen. Sag mir, wie du tanzt, und ich sag dir, wer du bist. Ohne mich zu rühren, will ich Bewegung, will ich Begegnungen. Ich träume, ohne für meine Träume auch nur einen Finger krumm zu machen. Ich bewundere das Schaufenster, aber ich trete nicht ein.

Im Augenblick bin ich zehn, zwölf, fünfzehn Jahre alt, und ich tanze, ich singe alles, was ich kann. In meiner Zimmerdisco. Im Badezimmer stelle ich einen großen Kassettenrekorder auf den Boden. Ich verwerte die Tonbänder meines Vaters und meines Onkels. Ganze Alben oder Mixtapes aufgenommen auf unbespielten Kassetten. Ich tanze im Stehen in der Badewanne. In Dauerschleife höre ich vor allem die selbstgemachte Kassette mit den Doobie Brothers, *What a Fool Believes* und ihrem Keyboard-Intro, übergehend in U2, *Where the Streets Have No Name* und ihr Gitarrenintro. Gefolgt von Michael McDonald, *Playin' by the Rules.*

Heute, wenn wir allein sind, tanze ich für dich, Anna. Heute bin ich vor dir Ginger Rogers' Tochter im Geiste und Beyoncés Cousine ersten Grades.

Heute, seien wir mal ehrlich, bewegst du dich schon jetzt besser als ich.

2019

Mir stehen Tränen in den Augen, als ich *Life in 12 Bars* ansehe, den Dokumentarfilm über das Leben des britischen Gitarristen Eric Clapton. Ungefähr im Alter von zehn Jahren höre ich dank meines Vaters unermüdlich Eric Claptons Musik und verliebe mich sofort in ihn. Die Verkörperung des Charmes zu allen Zeiten, mit oder ohne Bart oder Brille.

Ich hatte schon von diesem Unfall in seinem Leben gehört. Sein erstes Kind, ein kleiner Junge, der damals fünf oder sechs Jahre alt war, stürzt vom Balkon des New Yorker Apartments, das weit über dem zwanzigsten Stock liegt. Ich entdecke in dem Film Bilder seines Sohns, als er noch am Leben war, in Bewegung, ebenso schön, so blond. Gefilmt von den Eltern. Ich sehe meinen Bruder in allen blonden Kindern, die einen plötzlichen Tod sterben.

Einige Monate später sieht mein Vater denselben Dokumentarfilm. Er mochte ihn auch sehr. Er erwähnt es beiläufig, als er mir einen Rat gibt. Ich bin über das Wochenende mit dir in Nizza, in einem Apartment mit einem großen Balkon. Mein Vater und ich telefonieren über FaceTime, er will dich sehen. Du bist mit mir auf dem Balkon, aber hältst dich am Geländer fest und hebst plötzlich ein Bein. So bist du, du willst überall hinaufklettern wie alle Kinder. Ich weiß nicht, ob er wie ich an meinen Bruder gedacht hat. Wahrscheinlich. Darüber haben wir nicht gesprochen.

Im Tod altert man nicht. Ich werde bald das Alter meiner Mutter überschreiten. Das Alter meines armen Bruders habe ich mühelos überschritten. Ich kann mich nicht mehr in die Rolle der kleinen beschützten Schwester verkriechen. Jetzt bin ich die Ältere. Ich weiß nicht, wie ich dir diesen Teil der Geschichte erzählen soll. Du solltest nicht mit diesen Gefahren des Lebens in Berührung kommen. Wie soll ich dir die Grausamkeit erklären?

Einfach zu dir sagen, dass Unfälle passieren, und zwar eben gerade ohne ersichtlichen Grund? Wenn du mich fragen würdest, *Warum?*, könnte ich dir keine Erklärung geben. Ich hoffe vor allem, dass ich nicht weinen werde, wie ich es jetzt gerade am liebsten tun würde.

Ich wollte nicht darüber reden. Ich wollte nicht über meinen Bruder schreiben. Weil es das Schlimmste ist, das wir erlebt haben. Wollte nicht darüber reden, dass er die Bee Gees mochte und dass er fast überall Ketchup dazu aß, sogar zu Joghurt. Dass er sich einen Spaß daraus machte, mich mit seinen Ledergürteln mit Cowboy-Schnallen (die waren in den Achtzigern in Mode) zu fesseln und mir beim Verlassen des Zimmers zuzurufen, dass er mich wieder losbinden würde, wenn die Zeichentrickfilme zu Ende wären (wer schaute sie, er oder ich?). Die Familie, Nadou eingeschlossen, hat mir so viele Anekdoten erzählt, dass sie zu meinen eigenen Erinnerungen geworden sind.

Immer noch dank Charlys Blick, dem Fotografen, wird der vierzigste Geburtstag meiner Mutter in Ramatuelle auf Schwarz-weiß-Kontaktabzügen verewigt, auf denen ich David, Sekunde um Sekunde, tanzen und singen sehe, ein Mikro in der Hand, zu, nehme ich an, *Stayin' Alive*.

Seinen Namen woanders geschrieben zu sehen als auf dem Grab oder dem Schulheft, das Monique zum Glück aufgehoben hat.

David Biasini, der meinen Vater so sehr geliebt hat, dass er dessen Namen tragen wollte.

Seine Jungenschrift zu sehen. Meinen Bruder in allen hübschen und immer noch blonden Männern zu sehen, in dem Alter, das er heute erreicht hätte. Wie wäre er gealtert? Welchen Beruf hätte er gewählt? Welche Gespräche hätten wir geführt?

Gott sei Dank, Anna, hat dein Bruder braune Haare. Ich sehe dich heute im siebten Himmel, überglücklich, ihn wiederzutreffen, wie du zu ihm aufblickst, ohne die kleinste seiner Gesten zu verpassen, und ihn nachahmst.

Ich stelle fest, dass du schon in deinem Alter, mit gerade einmal einem Jahr, ein Erinnerungsvermögen haben musst, da du ihn stürmisch begrüßt und an dich drückst, obwohl du ihn seit fast zehn Tagen nicht gesehen hast.

Ich hatte also auch Erinnerungen. Wo sind sie bloß hin? Ich muss wieder daran denken, mich nicht mehr in meiner Tochter zu sehen. Daran denken, mir keine Beziehungen mit meiner Mutter und meinem Bruder mehr vorzustellen, als ich in deinem Alter war. Gestern Abend freute sich dieser wunderbare kleine Junge, dein perfekter großer, sehr lebendiger Bruder, darauf, dir einmal beim Lesen- und Schreibenlernen zu helfen.

Er erkundigt sich nach eurem Altersunterschied. »Wenn Anna in der ersten Klasse ist, wie alt bin ich dann?«

2011

Ich spiele in einer schönen Adaptation von Stefan Zweigs *Brief einer Unbekannten* mit, von Michael Stampe, in der Inszenierung von Christophe Lidon. Die Faszination eines jungen Mädchens für einen Mann, der seine kleine Flurnachbarin gar nicht wahrnimmt. Sie folgt ihm, beobachtet ihn jahrelang heimlich. Er erkennt sie nicht. Als erwachsene Frau gelingt es ihr, eine Nacht mit ihm zu verbringen, ohne ihm zu sagen, wer sie ist. Danach kehrt er in sein Leben als ungebundener Mann zurück. Aus dieser einen Nacht wird ein Sohn geboren. Doch der Mann hat die Frau längst vergessen, weiß nicht, dass er Vater ist. Der Sohn stirbt an einer Kinderkrankheit. Daraufhin beschließt die Frau ihr eigenes Ableben, aber bevor sie zur Tat schreitet, schreibt sie dem Mann, schildert ihm ihr gesamtes Leben als junges Mädchen, als Frau, als junge Mutter, ganz und gar ihm zugewandt.

Die ersten Sätze der Adaptation dieses langen Briefs sind schonungslos: »Mein Kind ist gestern gestorben.«

Ich habe Angst, diese Worte auszusprechen, mich in meine Mutter hineinzuversetzen. Zu persönlich, zu naheliegend. Wenn ich nur an sie denke, werde ich den restlichen Text nicht sagen können. Ich sträube mich dagegen. Ich suche woanders.

Einige Tage später kaufe ich die *Libération*. Warum gerade an diesem Tag? Mechanisch blättere ich alle Seiten durch, um herauszufinden, wer das Porträt des Tages ist. Michel Rostain, Opernregisseur und von 1995 bis 2008 Intendant der Nationalbühne von Quimper. Ich kenne ihn nicht. Man befragt ihn zum Erscheinen seines Buchs *Als ich meine Eltern verließ*, für das er den Prix Goncourt für den besten Debütroman erhalten hat. Sein einziger Sohn ist im Alter von einundzwanzig Jahren plötzlich an einer Meningitis gestorben. Ich gehe in die nächstbeste Buchhandlung. Der Erzähler nimmt die Stimme des Sohnes an, der Vater versetzt sich in sein Kind hinein. Ich lese vom Schmerz eines anderen als vom Schmerz meiner Mutter.

Wir verbringen die Osterwoche im blauen Dorf in den Bergen Marokkos. Dort treffen wir Dolorès, Dolo, eine begeisterte spanische Auswanderin. Sie ist Großmutter. Sie liebt Kinder. Das letzte Mal habe ich Dolo vor zwei Jahren gesehen, auf den Tag genau. Damals war ich schwanger, wusste es aber noch nicht. Ich treffe sie wieder mit dir im Arm, mein Glück ist offensichtlich für sie.

Eines Abends, als wir allein sind, vertraue ich ihr kurz meine unbegründeten Ängste über die Möglichkeit deines und meines Todes an. Ich habe sie gebeten, ihre Reaktion noch einmal zu wiederholen, um sie hier wortgetreu aufzuschreiben:

»Du brauchst keine Angst zu haben, das Leben hat dir das alles schon beigebracht. Du bist quasi geimpft.

Das Leben bringt dir immer neue Geschichten, keine alten. Es überrascht dich und bringt nie das, was du erwartest.«

29. oder 30. Mai 1982

Ich weine nicht. Ich sage nichts. Ich stehe vor ihm, ohne mich zu rühren. Ich gebe vor, nicht zuzuhören bei dem, was mein Vater mir gerade sagt. Oder nur mit halbem Ohr. Ich verstehe, was passiert, aber will es nicht hören. Tue so, als sei es nicht tragisch. Vielleicht stelle ich mir für sie beide eine Reise in ein fernes, unerreichbares Land vor? Blicke ich zum Himmel? Ich weiß es nicht mehr. Ich erinnere mich an meinen Vater, vor mir auf den Knien, in dem Teil des Gartens, wo Kies liegt. Zwei Autos im Garten vor dem Haus. Wir zwischen den Autos und dem Haus.

Ich sehe meinen Vater nur an, wenn er mich nicht ansieht. Ich habe Angst, ihn weinen zu sehen. Ich bin beruhigt, er weint nicht. Ich erinnere mich an sein Gesicht, ganz nah bei meinem, auf der Höhe eines Kindes von viereinhalb Jahren, sein Blick gesenkt. Er traut sich auch nicht, mich anzusehen.

Angesichts der Tragödie bleibt er demütig. Er sammelt seine letzten Kräfte, um mich sanft anzulächeln, als wolle er zu mir sagen: *Es ist, wie es ist, mein Schatz, wir können nichts daran ändern.* Sanft lächeln, um selbst das Weinen zu unterdrücken. Nicht riskieren, die Situation noch trauriger zu machen. Es ist schon traurig genug. Er wiederum steht allen Reaktionen von mir offen gegenüber. Ich sehe es ihm an, er hat sich vorbereitet. Er ist stark, mein Vater. Wir beherrschen uns, gemeinsam. Wir müssen uns gegenseitig beschützen. Jeder bereitet sich auf den Schmerz vor, und niemand lässt sich gehen.

Monique und Bernard, Charly, Nadou warten im Haus auf uns, aber im Augenblick sind wir nur noch zu zweit, allein auf der Welt.

Nach einer Weile entferne ich mich ein Stück, ich will im Garten bleiben und spielen. Bin ich schon dort, als er beschließt, mir die Nachricht zu überbringen, oder nimmt er mich mit nach draußen, ich weiß es nicht mehr. Welcher Ausdruck steht im Gesicht meines Vaters, als ich den Blick abwende? Nachdem er mir gerade den Tod meiner Mutter mitgeteilt hat.

2018

Mir fällt es schwer, mich zu erinnern. Ist diese Erinnerung im Garten wahr? Wird diese Version von allen, die dabei waren, geteilt? Ich konfrontiere meinen Vater nicht mit meiner Erinnerung. Haben wir dieselbe? Bis heute habe ich nie an dieses erste Erlebnis zurückgedacht. Jetzt rufe ich es mir wieder ins Gedächtnis. Sechsunddreißig Jahre später.

»Mama ist gegangen, um bei David zu sein.« Das waren seine Worte. Noch heute sagt er nicht »tot«, sondern »gegangen«.

Unter uns in der Familie verwenden wir immer noch den Ausdruck »sie sind gegangen«, um uns gegenseitig Halt zu geben, sanft zueinander zu sein, den Schmerz zu lindern. Jedoch ohne darüber nachzudenken, ganz natürlich, ohne es zu verharmlosen oder gefühlsduselig zu werden. In unseren Ohren klingt es schöner, weniger endgültig. Wenn das Wort ausgesprochen wird, dann nur gemurmelt, die Stimme wird deutlich gesenkt, wie Knie zu Boden gebeugt. Demütig. Wir sprechen behutsam darüber, als wären wir alle noch Kinder, die es zu beschützen gilt. Auf Kinder muss man aufpassen. Einander nicht bemitleiden, natürlich, es gibt immer jemanden, der noch schlimmer dran ist. Man muss stark sein, mutig. Sich eine unsichtbare, innere Rüstung anlegen. *Es ist, wie es ist, wir können nichts daran ändern.* Unter uns in der Familie machen wir uns darüber lustig, wir sagen: *Wir wissen nur zu gut, was*

Dramen sind, wir haben sie erlebt, das hätten wir hinter uns.
Dann lassen wir uns nicht länger darüber aus, wir wechseln
das Thema.

Je nachdem, mit wem ich spreche, kommt mir heute als Erwachsene das Wort manchmal über die Lippen. Ich will denje-
nigen herausfordern, der mir zuhört, ihn mit meinem Mut
beeindrucken. Insgeheim gebe ich ihm zu verstehen: *Ich kann*
»der Tod« sagen, das macht mir nichts aus. Ich habe keine Angst.
Oder: *Ich kenne den Tod gut, und niemand kann ihn so gut ken-*
nen wie ich. Mir muss man den Schmerz nicht mehr beibringen.
Ich war Zeuge, ich habe ihn erlebt. Bei diesem Spiel bin ich die
Stärkste, ich schlage alle, ich rühre sie bis zur Empathie. Und
erst recht, wenn ich es mit einem Lächeln sage. Wenn man an
einer Stelle verliert, muss man wohl an anderer gewinnen.

1982

Mein Vater teilt mir etwas mit, das ich schon weiß. Ich war dort an diesem Tag. In der Wohnung. Man bringt mich in ein Zimmer. Abgeschirmt. Ich habe keine Angst, es ist ein vertrautes und geliebtes Gesicht, das mir die Hand reicht. Nadou bittet mich, dortzubleiben, nicht hinauszugehen, sie werde gleich zurückkommen. Ich habe keine Angst, aber ich bin neugierig wie alle Kinder. Nachdem die Tür hinter ihr ins Schloss gefallen ist, spähe ich durchs Schlüsselloch. Ich sehe ein großes Sofa, jemand liegt darauf, und eine riesige Spinne, die mit ihren Beinen den liegenden Körper bedeckt. Eine Kindheitserinnerung. Die Spinnenbeine sind die Rettungssanitäter, die sich um sie kümmern. Ich habe die Tür nicht geöffnet. Habe ich meine Mutter erkannt, die auf dem Sofa lag? Als mein Vater mit mir spricht, im Garten, kommt diese Erinnerung nicht zurück. Ich weiß nicht mehr, wann sie zu mir zurückkommen wird.

1984

Ich stelle nicht sofort Fragen. Das brauche ich nicht.

Alle in der Familie öffnen den Mund, sie beziehen mich mit ein, wärmen mich mit ihren Erinnerungen. Sie reden. Sie erzählen mir vom Leben vor dem Tod. Von ihrem Leben vor ihren Toden. Ich danke ihnen im Stillen, meine Ohren sind auch weit offen. Ich habe nur vor einer Sache Angst, dass die Erzähler anfangen zu weinen, ganz plötzlich, beim Wachrufen einer Erinnerung. Dass sie vor mir, dass sie um mich weinen, ohne dass ich in der Lage wäre, sie zu trösten.

Ich erlaube ihnen, den Faden der Geschichte wiederaufzunehmen, ich traue mich nicht immer, sie anzusehen, und ihre offensichtliche Freude darüber, diese gesegneten Jahre aufleben zu lassen, schnürt mir jedes Mal die Kehle zu.

Alle Dämme brechen, jetzt bin ich diejenige, die weint. Nicht sie, sie sind viel stärker als ich.

Ich unterbreche ihre Erzählung, indem ich abwinke und flüstere: »Hör auf, hör auf.«

Und meine Großmutter schließt mit einem: »Aber nein, warum denn? Wir müssen doch darüber reden …«

So herzallerliebst, strahlend, wie sie leibt und lebt.

Um nicht zu weinen, müssen sie reden.

Die Lebenden wollen den Toten treu bleiben. Wollen über sie sprechen, um sie nicht zu vergessen.

Ich weiß nicht, ob ich ihnen zuhören oder ihr Schweigen einfordern will. Was ich höre, klingt so schön, so vergnügt, so lebendig: die Urlaube, die Hunde César und Lucca, die sonnengebräunten Gesichter, Ramatuelle, Cogolin, alle hübsch in Badekleidung, das Schwimmbecken, das Boot, die Mahlzeiten, der Kartoffelsalat meiner Mutter, die Feiern, die Tücher in ihrem Haar, die Kaftane, die sie trug. Das Lachen, die Blicke voller Liebe, es versetzt mir einen Stich, nicht dabei gewesen zu sein oder noch zu klein, um mich daran zu erinnern. Die glanzvolle Zeit, das glanzvolle Leben.

Alle betonen immer wieder, dass ich eine echte Wunschtochter für meine Mutter war. Es ist ihre Pflicht ihr gegenüber, gegenüber der Fortgegangenen. Sie zu verteidigen, ihre Worte, ihre Gedanken auszudrücken. Sie wollen, dass ich es höre.

Ich bin so aufmerksam wie eine Ministrantin am Ostersonntag. Ich bin ganz Ohr.

Sie haben mit ihr gelacht, sich stundenlang mit ihr unterhalten, getrunken, gegessen, mit ihr gebadet, sie berührt, geküsst, umarmt, getröstet. Das reicht mir. Die Außenwelt spiegelt mir das Bild einer Ikone wider mit einem gebrochenen Schicksal, zum Unglück verdammt. Auf der anderen Seite, in den eigenen vier Wänden, ist sie eine Frau, fast wie jede andere, begabt, sogar sehr begabt in ihrem Beruf, sicherlich mit einer außergewöhnlichen Schönheit, die diejenigen, mit denen ich spreche, aber nicht weiter beeindruckt, sie stellen das nicht zu Leugnende fest, dazu gehören alle ihre Stärken und einige ihrer Schwächen. Sie sind objektiv in ihrer Liebe. Sie beweihräuchern sie nicht, sie behandeln sie wie einen normalen Menschen. Man sagt ihr, wenn sie übertreibt. Genau das bedeutet es, jemanden zu lieben, ihm oder ihr auch zu sagen, wenn er oder sie sich täuscht. Deshalb fühlte sie sich wohl bei ihnen. Sie sind nicht übermäßig von ihrer gesellschaftlichen Stellung beeindruckt. Sie suchen nicht das Rampenlicht, sie bedauern nichts in ihrem Leben, sind nicht frustriert, wünschen sich nicht insgeheim selbst ein Künstlerdasein. Sie haben ein gutes Leben, treue Freunde, Hobbys, schöne Urlaube, eine ertragreiche Arbeit und vernünftige Ausgaben. Sie lieben einfach diese Frau, meine Mutter, weil ihr Sohn sie liebt und weil sie absolut liebenswert ist.

Sicher spürt sie diese einfache Liebe. Alle lieben einander, mehr braucht es nicht.

Alles, was sie mir über sie erzählen, klingt echt in meinen Ohren. Sie lügen nicht, machen keines der Ereignisse schlecht oder beschönigen es, keine der Anekdoten, die sie mit ihr erlebt haben, an ihrer Seite. Sie haben recht. Selbst in ihren Fragestellungen, in ihren Zweifeln.

Unzählige Dokumentarfilme oder Biografien beschreiben sie als ausgesprochen unglücklich, depressiv, abhängig. »Ach, woher denn! So war deine Mutter nicht! Wenn man ihnen zuhört, bekommt man den Eindruck, dass sie den ganzen Tag geweint hat, aber das stimmt nicht! Sie hat gelacht! Wir haben abendelang mit deiner Mutter gelacht!« Sie versinken in eine traurige, besorgte Wut. Ich höre, wie mein Vater zu mir sagt: »Glaub mir, mein Schatz, ich habe mich gefragt, ob ich mit der, die sie beschreiben, wirklich zusammengelebt habe. Und, nein, das ist nicht die Frau, die ich gekannt habe, ganze elf Jahre lang!«

Man fragt mich, warum meine Mutter unvergessen bleibt. Hier ist, was ich denke: ein leuchtendes Gesicht, eine Fotogenität, die fast schon magnetisch wirkte, ein überzeugendes Schauspiel, eine damals schon große Karriere, von der man sich gewünscht hätte, dass sie noch länger andauert, geliebte Männer, vergötterte Kinder, ein schreckliches Drama, ein gelebtes Leben.

Und nicht zu vergessen die Zeit damals, die Zeit der Emanzipation der Frau. Sie hat Rollen gespielt, mit denen sich alle Frauen identifizieren konnten.

Die Sterne standen günstig.

Vielleicht ist es angesichts all dieser Stärken gar nicht notwendig, mehr Worte darüber zu verlieren, nach dem Warum zu suchen, es würde reichen, zu bewundern, im Stillen, zu beobachten, als stünde man vor einem Gemälde. Vor einem Kunstwerk. Mit seinen Reuestrichen und Unvollkommenheiten.

Wenn wir sie lieben, lasst uns weiter ihre Filme sehen, eine schönere Würdigung gibt es nicht. Kein Grund, noch mehr Theorien über ihr Leben aufzustellen, über ihre Entscheidungen.

Ich hätte sie gerne in mehr Komödien gesehen, wenn es nach mir geht, gab es bei den Angeboten und den Entscheidungen zu viele tragische Rollen. Ich habe lange Zeit gesagt, dass einer meiner Lieblingsfilme von ihr *Was gibt's Neues, Pussy?* von Woody Allen sei mit dem so reizenden Peter O'Toole und der feurigen Ursula Andress. Meine Mutter passte ihr Spiel an den rasenden Rhythmus dieser Komödie an, und das steht ihr sehr gut. Ich sollte ihn mir wirklich wieder einmal ansehen.

Mein Gott, wie lächerlich ich es finde, wie sehr die berühmte Szene aus *Nachtblende* von Zulawsky gelobt wird, in der sie sich die Augen ausheult, während sie rittlings auf einem Mann sitzt, spärlich bekleidet, nackt in jeder Hinsicht: »Nein, keine Fotos machen, bitte nicht, ich bin Schauspielerin, wissen Sie, ich kann wirklich was, das hier, das mach ich, um leben zu können, also bitte machen Sie keine Fotos ...«, diese Worte aus ihrem Mund, alle sahen, alle sehen darin eine völlige Identifikation mit ihrer Figur, dass sie keine Rolle mehr spielt, dass sie selbst diejenige ist, die spricht. In dieser Szene ist die Kamera ihr Partner, sie sieht direkt hinein, man könnte glauben, sie wendet sich an uns alle, die wir sie ansehen, und nicht nur an die Figur des Paparazzos, gespielt von Fabio Testi, der diese Aufnahmen von den Dreharbeiten stiehlt. Meine arme Mutter, so oft verfolgt, und ihr Sohn, mein Bruder, *no comment* bis zur Leichenhalle.

Natürlich ist sie in dieser Szene von *Nachtblende* erschütternd, weil ihre Tränen echt sind, salzig, weil sie aus tiefster Seele kommen. Doch der Hang der Journalisten, nur diesen Ausschnitt zu zeigen, hat mich schon immer irritiert. Als hätten sie eine perverse Freude daran, sie weinen zu sehen.

Reiner Voyeurismus.

Ich bin keine x-beliebige Zuschauerin. Vielleicht werde ich wieder ein kleines Mädchen, wenn ich sie betrachte. Ein kleines Mädchen, das seine Mutter nicht weinen sehen will, sie sofort trösten möchte, ein kleines Mädchen, das will, dass man endlich aufhört, sie zum Weinen zu bringen. Oder dass man aufhört, mit anzusehen, wie sie leidet. Vielleicht hat das Publikum selbst diese kindliche Reaktion. Und gerade deshalb sind wir so erschüttert?

Natürlich, es ist ihr Beruf, den sie gewählt hat, den sie liebt. Ich muss mir keine Sorgen machen, sie weint nicht wirklich. Und doch tut sie es.

Warum nicht lieber die Szene mit dem Hutschleier zeigen, also das Kennenlernen zwischen Philippe Noiret und ihr im Film *Das alte Gewehr*, gedreht in La Closerie des Lilas (ein Pilgerort für mich und ein Rückzugsort für meine romantischen Verabredungen). Ihre Schönheit ist entwaffnend, wirft Philippe Noiret förmlich aus dem Sattel, er, ein Kavalier wie kein zweiter. Die Augen meiner Mutter strahlen vor Aufregung, sie lacht, sie ist dabei, sich in die Figur von Noiret zu verlieben. Er ist längst erobert, wie wir alle, die ihnen zusehen.

Meine Eltern haben oft mit Philippe und seiner Frau Monique Chaumette in Marly zu Abend gegessen.

Ich war selbst ein paar Mal mit ihnen gemeinsam bei meiner geliebten Patin Michelle de Broca, die uns zusammengebracht hat, zum Essen eingeladen. Er schenkt mir einen Briefbeschwerer, ein Herz aus Glas, das er in ein Einstecktuch aus Baumwolle wickelt, rot, mit Motiven, anstelle einer Geschenkverpackung. Er steckt voller britischem Charme, Philippe.

Heute spiele ich mit Deborah Grall, seiner Enkelin, in *Fräulein Julie*, in der Inszenierung von Christophe Lidon. Wir kennen und lieben uns schon jetzt, sie und ich. Ich erinnere mich, wie ergriffen sie war, als sie mir in die Arme fiel, in der Basilika Sainte-Clotilde bei Philippes Beerdigung. Ihre Geste hatte mich überwältigt. Wir weinten zusammen. Bei der Probenarbeit bringt sie Philippes Reitstiefel mit, maßgeschneiderte John Lobbs mit einem Schuhspanner aus graviertem Holz. Echte Kunstwerke, diese Stiefel. Deborah hatte sie spontan angeboten, als der Regisseur ein passendes Accessoire für Mademoiselle Julies Vater suchte, einen Vater, den man nie sieht, aber den Julie ebenso sehr liebt, wie sie ihn hasst.

Jeden Abend, wenn ich seine Stiefel in den Händen halte, die Stiefel, die ich ansehe, um die ich die Arme schlinge, bin ich so gerührt. Das geht über den Text hinaus, den ich in dem Moment aufsage, das geht über mich selbst hinaus, so viel Schönheit, so viel Symbolhaftigkeit, so viele überdauerte Generationen. Ich habe mich gerade korrigiert, anstelle von »so« hatte ich zuerst »zu« geschrieben. Nun ist es viel besser.

Von der Schönheit der Geste gerührt sein, nicht von deren Traurigkeit.

Eine andere meiner Lieblingsszenen läuft dafür zum Glück sehr oft.

Natürlich in *Die Dinge des Lebens* von Claude Sautet. Die Szene mit der Schreibmaschine. Meine Mutter spielt die Figur Hélène, eine Übersetzerin oder Dolmetscherin, ich weiß es nicht mehr. Es ist heiß, Hélène hat nur ein Handtuch um die Brust geknotet, sie sitzt, man sieht ihre Schultern, ihre gebräunte Haut, ihre Augen hinter dem großen Gestell einer Hornbrille. Sie tippt auf der Schreibmaschine, hält inne, regt sich über ein deutsches Wort auf, bei dem ihr die französische Übersetzung nicht einfällt.

»Wie sagt man auf Französisch für ›lügen‹? Ich meine nicht direkt lügen, sondern so ›ausschmücken‹?« Sie dreht sich um.

Michel Piccoli, der Großartige, hat sich hinter ihr postiert. Er sieht ihr zu, wie sie auf der Schreibmaschine tippt, er raucht, während er sie beobachtet, fasst sich mit dem Daumen an die Lippen. Vom Rauch seiner Zigarette muss er die Augen zusammenkneifen (ich schwöre es, ich schreibe das alles aus dem Gedächtnis auf, mögen mir die Puristen verzeihen, wenn es Fehler gibt).

Die Kamera wechselt dann in Piccolis Perspektive: Hélènes Nacken, die zum Knoten hochgesteckten Haare. Claude Sautet zeigt uns erneut Piccolis Gesicht, wie er sie ansieht, voller Verlangen, was man bei diesem Schauspieler auch für Gleichgültigkeit halten könnte. Obwohl, das stimmt nicht, im Film wird er Hélène verlassen, und in dieser Szene weiß er es bereits.

»Affabuler.«

»Ah genau, A-FA-BU-LER.«

»Mit zwei F.«

»Arrgghhh...«, gefolgt von irgendeinem Fluch auf Deutsch.

Michel Piccoli ist letztes Jahr gestorben. Ich sehe mit Begeisterung eine Dokumentation, die zu diesem traurigen Anlass ausgestrahlt wird und ihm gewidmet ist. Noch zu Lebzeiten gedreht. Man sieht dort Aufnahmen von ihm, wie er durch eine Pariser Grünanlage geht, sich auf die Kamera zu- oder von ihr wegbewegt, die ihn filmt, genauso bewundernd wie wir. Man sieht ihn auf einer Bank sitzen. Er wird zum Erzähler seiner Geschichte. Es ist seine Stimme, die wir zu den Aufnahmen hören. Er spricht über sein Leben und wählt natürlich eigene Worte, um zurückzublicken. Man spürt, wie glücklich er ist über all das, was er erlebt hat, über all jene, die er geliebt hat.

Ich sehe noch einmal seine außergewöhnliche Karriere. Und dennoch wird im Dokumentarfilm vor allem über das Kino gesprochen und kaum über seine Theaterrollen, die jedoch ebenso groß und zahlreich waren.

Wertvolle Archivaufnahmen von Interviews mit dem ganzen Team von *Das große Fressen* von Marco Ferreri und die Reaktion des Publikums in Cannes, zum Beispiel.

Plötzlich, während der Bilder aus *Das Mädchen und der Kommissar* und *Die Dinge des Lebens*, spricht er über meine Mutter. Es sind immer noch seine Worte, es ist immer noch seine Stimme. Und sie gehören zu dem Schönsten, was ich je über meine Mutter gehört habe. Ich kann gar nicht anders, als sie hier wieder aufzugreifen. Für sie und für ihn.

»Romy Schneider war unverstellt. Manchmal unverstellter als die Charaktere, die sie spielte. Aufgrund jenes Rätsels, das man Talent nennt, aber auch aus der Entschlossenheit heraus, nie zu lügen, nie zu betrügen.

Ein Star ist ein Trugbild. Romy ist ein Star, doch nach einigen Wirrnissen, Leidenschaften, Momenten des Glücks strahlend wie ihr Lächeln, rasanten Begegnungen und unerträglichem Kummer hörte Romy eines Tages auf, Trugbild zu sein, um zum Spiegelbild zu werden, zu einem Spiegel, der Freude und Leid der meisten Zuschauer wiedergibt. Und zwar besser als ein Star.«

Ich erinnere mich noch an das erste Mal, als ich Michel Piccoli getroffen habe. Mir war nicht wirklich in den Sinn gekommen, Kontakt zu ihm aufzunehmen, genauso wie bei all den anderen, die meine Mutter gekannt haben. Ich habe es nicht gewagt, auf sie zuzugehen, hatte Angst, ihnen auf die Nerven zu fallen. Mir gefiel die Rolle des kleinen Mädchens nicht, das herausfinden will, wer seine Mutter ist, das ankommt und Fragen stellt. Ich habe mich sehr unwohl gefühlt und wollte bei ihnen nicht dieselbe Unruhe auslösen. Wollte sie nicht darum bitten, in ihrer Vergangenheit herumzuwühlen, wusste nicht, ob sie es gerne tun würden, für sie, für mich, und weil ich Zweifel hatte, habe ich darauf verzichtet. Ich wollte nicht wie ein Welpe wirken, der an ihrem Rockzipfel zerrt und den sie sanft mit einem Schütteln des Beins loszuwerden versuchen.

In Wahrheit wollte nicht ich diejenige sein, die fragt. Mir wäre es lieber gewesen, sie hätten mich angerufen, spontan, von sich aus, um mir von ihr zu erzählen.

Heute kann ich mir ihre eigene Befangenheit vorstellen und sie verstehen und vielleicht auch ihren Wunsch, nichts zu erzwingen, ein Treffen, ein Gespräch. Dass sie zu Recht davon ausgingen, dass die Bitte von mir kommen sollte. Wir dachten alle dasselbe, und nicht alle Treffen haben stattgefunden. Die wichtigsten schon. Natürlich, mit Alain Delon, einer so treuen Seele, ihm gegenüber habe ich dasselbe unangebrachte Schamgefühl. Unser Treffen ist auch erst spät zustande gekommen. Vielleicht verharrten wir beide in der eigenen Empfindsamkeit, der eigenen Befangenheit, den eigenen Erwartungen. Heute habe ich weniger Angst vor meinen Gefühlen. Ich werde ihn gleich heute Abend wieder einmal anrufen. Zurück zu Michel Piccoli. Er spielt *König Lear* in den Ateliers Berthier in Paris, ich weiß nicht mehr, in welchem Jahr. 2007 wahrscheinlich. Zur Besetzung gehören Julie-Marie Parmentier, Lisa Martino und Thierry Bosc, mit dem ich selbst einige Monate zuvor gespielt habe.

Wir sind noch in Kontakt, Thierry und ich, und ihm verdanke ich es, dass das erste Treffen zustande kommt. Mit seinem Feingefühl muss er gespürt haben, dass ich nicht selbst die Initiative ergreifen würde. Thierry ruft also eines Abends an und sagt zu mir: »Ich glaube, Michel würde sich freuen, dich kennenzulernen.« Ich wusste nicht, ob er die Wahrheit sagte. Vielleicht habe ich in etwa so reagiert: »Wirklich, bist du dir sicher?« Natürlich bin ich hingegangen. Dabei dachte ich, dass ich es schon viel früher hätte tun sollen.

Meine Freundin Caroline, die in den wichtigsten Augenblicken immer dabei ist, begleitet mich. Sie kennt Thierry Bosc schließlich ebenso gut wie ich, aber vor allem weiß sie, wie wichtig das Treffen für mich ist. Folgendes hat sie mir vor einigen Wochen geschrieben, als Michel Piccolis Tod bekannt wurde:

»Ich habe sehr an dich und an dieses unvergessliche Treffen gedacht. Ich werde mich immer an diesen gespannten Augenblick erinnern, als er dich sah, die Stille und mit einem Mal plötzlich diese Wut auf den armen Regisseur (stimmt, er hatte einfach losgewettert, niemand hatte verstanden, warum, und das Opfer am allerwenigsten). Man spürte, dass ihn die Gefühle übermannten, und ich sehe uns beide daneben, so beeindruckt … Ich erinnere mich, dass er sagte, deine Mutter sei eine enge Freundin gewesen … Es ist eine Erinnerung voller Schönheit.«

Wir waren tatsächlich sehr ergriffen. Aber wir verhielten uns würdevoll, auch für meine Mutter.

Ich hatte vergessen, dass sich Michel über einen Regisseur aufgeregt hatte. Warum habe ich das Gefühl, mich an so wenig zu erinnern? Vielleicht, weil der Moment so wichtig ist, so viel bedeutet, man ihn so sehr erwartet hat. Da vergisst man manch anderes bereitwillig.

Ich habe Michel danach geschrieben, er hat mir geantwortet. Zweimal habe ich ihn bei sich und seiner Frau, der lieben Ludivine Clerc, zu Hause getroffen. Wir haben ein paar Mal telefoniert. Und dann ist die Zeit vergangen, ich habe oft an ihn gedacht, ohne die Verbindung aufrechtzuerhalten, wie eine Idiotin.

Das erste Mal, als ich zu ihm gegangen bin, als wir Zeit hatten zu reden, nur unter uns, seine Frau wuselte hin und her, ließ ich mich gehen und brach vor ihnen in Tränen aus. Ich konnte mich nicht zurückhalten. Ich wollte, dass er mich berührt, wollte ihn in den Arm nehmen oder wollte, dass er mich in den Arm nimmt, wie er und meine Mutter es damals konnten.

Als könnte ich sie durch ihn berühren. Ich hatte nicht den Eindruck, dass ihn mein Gefühlsausbruch in Verlegenheit brachte. Er war genauso tief bewegt. Er gestand mir, dass sie sich letztlich zwischen den Dreharbeiten kaum gesehen hätten. Ich erinnere mich nicht mehr, ob wir über das Kino, über Filme, Anekdoten von den Dreharbeiten gesprochen haben. Mir ist nichts geblieben. Vielleicht, weil ich etwas Unmögliches gesucht habe? Ihre Auferstehung? Und abgesehen davon interessiert mich nichts?

Es war jedenfalls nicht ihr Beruf, der in diesem Moment meine Neugierde geweckt hat.

Heute, während ich noch die wunderbare Dokumentation über ihn vor Augen habe, all seine unglaublichen Filme, würde ich ihm gerne Fragen dazu stellen.

Anna und meine Großmutter kommen wieder an meinem Bett/Arbeitstisch vorbei. Diesmal ist Anna auf dem Rücken meiner Großmutter, ihre noch ganz unverbrauchten Arme klammern sich um den knittrigen Hals.

Ich kann es nicht fassen, ich lache, weil ich weiß, dass mir

nichts anderes übrigbleibt, die beiden sind dieselben Dick-
köpfe, trotz der sechsundachtzig Jahre Altersunterschied.

Schließlich sage ich doch zu der Älteren:

»Oma! Trag sie nicht so! Dein Rücken!« (Ich hätte noch
hinzufügen können »deine Knie!«)

»Im Gegenteil, meine Liebe, es ist weniger schmerzhaft für
mich, sie so zu tragen, als vor mir auf dem Arm!«

»Du sollst sie gar nicht tragen!!«

»Doch, das geht schon.«

Unter den großen Begegnungen war zum Glück auch Claude
Sautet, der Dirigent persönlich.

Ich bin zwanzig Jahre alt, mein Vater wirkt an einem Dokumentarfilm über meine Mutter mit, für einen Sender, der damals, glaube ich, noch nicht zu France Télévisions gehörte. Er
ist gewissermaßen der Chefredakteur, er ist der Erzähler und
wählt die Sprecher aus, die zu interviewenden Zeugen.

Claude Sautet steht ganz oben auf der Liste. Mein Vater
und er kennen sich besonders gut, da Claude und meine Mutter während der Liebesbeziehung meiner Eltern insgesamt vier
Filme zusammen gedreht haben. Die beiden Männer arbeiteten sogar mehrere Wochen gemeinsam am Drehbuch von *Der
ungeratene Sohn*, nach einem Roman, den mein Vater geschrieben und nie veröffentlicht hat und den Claude für das Kino
adaptieren wollte. Seit dem Tod meiner Mutter haben sie sich
kaum gesehen.

Vor dem Interview beschließt mein Vater, mir Claude vorzustellen, und will ihn mit meinem Kommen überraschen. Sie
essen zusammen in Claudes »Kantine« zu Mittag, in der Bras-

serie Marty in der Avenue des Gobelins. Ich soll zum Kaffee dazustoßen. Ich erinnere mich noch an die Gefühle, die ich vor dem Restaurant empfand, wie ich durch die Tür trat, mit laut pochendem Herzen, mit angehaltenem Atem. Am Eingang werde ich in Empfang genommen wie in jedem guten Lokal, stammelnd sage ich dem Oberkellner Claudes Namen, meine Schüchternheit erreicht ihren Höhepunkt, der Oberkellner versteckt mich, beschützt mich, verhindert, dass ich sie sehe, ich suche verzweifelt das Gesicht meines Vaters, aus Angst, zuerst das von Claude zu erblicken, der mich so beeindruckt.

Endlich entdecke ich meinen Vater, er sieht mich auch, auf seinem Gesicht breitet sich ein gerührtes Lächeln aus, wie ich es bei ihm selten gesehen habe, seine Augen leuchten wegen der Überraschung, die ihm gleich gelingen wird. Er blickt jetzt zu Claude, ob dieser mich gesehen hat. Würde er mich überhaupt erkennen? Ich ähnle meiner Mutter, das stimmt, aber in der Brasserie bin ich erst zwanzig Jahre alt, noch pausbäckig; in *Die Dinge des Lebens*, ihrem ersten gemeinsamen Film, ist meine Mutter einunddreißig Jahre alt, sie ist schon eine gestandene Frau.

Claude sieht mich. Ich sehe ihn. Er starrt mich mit offenem Mund an. Ich setze mich. Er wiederholt immer wieder: »Also das ist ja eine Überraschung …« Ich habe alles auf seinem Gesicht ablaufen sehen. Wie überrumpelt er war, seine Verblüffung, seine Ergriffenheit: vor ihm, zwanzig Jahre später, die Tochter seiner so geliebten Freundin, deren plötzliches Gehen ihn wie Michel, Philippe und all die anderen tief erschüttert zurückgelassen hatte.

Vier oder fünf Mittagessen folgten, zu zweit, immer im selben Restaurant, immer am selben Tisch, er immer schon vor mir da, während er einen Zigarillo nach dem anderen rauchte.

Ab der zweiten Hälfte des Essens hatten wir beide jedes Mal feuchte Augen, bis die Rechnung kam. Es sind jedoch nie Tränen geflossen.

Damals gestand ich mir meinen Wunsch zu schauspielern noch nicht ein. Mit ihm sprach ich genauso wenig über das Kino wie mit Michel einige Jahre später.

Ich war an der Universität Paris III eingeschrieben und machte mein Vordiplom in Anglistik. Er sprach mit mir über meine Mutter, und ich spürte die ganze Liebe, die Freundschaft, die große Intensität, die sie miteinander hatten.

Sie hätte auch ein Recht darauf gehabt, nicht alles zu sagen. Es gibt immer Dinge, über die man nicht sprechen kann. Man denkt, dass sie niemand versteht. Man will seine Schwächen nicht zur Sprache bringen, sie nicht zum Leben erwecken, diesen Teil von sich nicht offenlegen, der vielleicht beschämend ist oder nicht so schön.

Ich will nicht den Eindruck erwecken, als erläge ich Verschwörungstheorien, als hinge ich den mythischen Vorstellungen manch anderer an. Ich will nicht denken, dass es ein Schicksal gibt, dem man nicht entkommen kann, und dass das Schicksal meiner Mutter eine Abfolge von Unglücken gewesen wäre, dass sich ein so großes Talent, eine so große Schönheit nicht ungestraft leben ließe.

Ich habe alle Möglichkeiten in Betracht gezogen, sogar ihren Suizid, da sich diese Vermutung in der Öffentlichkeit lange gehalten hat. Was soll man darüber denken? Niemand in meinem Umfeld glaubt es. Ich könnte es ihr nicht verübeln. Ich weiß, was sie durchgemacht hat. Ich kenne die Müdigkeit, den Schmerz, die Trauer. Mich treibt weniger die Frage um, wie das Ende gekommen ist, als vielmehr das Ende selbst.

Ich weiß, dass sie Augenblicke schrecklicher Unsicherheit kannte, aus denen sie niemand herausholen konnte oder nur zum Teil, nur für kurze Zeit.

So ist es, daran lässt sich nichts ändern.

Heute stehe ich selbst an der Stelle eines Elternteils. Ich versuche, mich zu erinnern, wie ich all das gelernt habe, was ich heute weiß. Die kleinsten Dinge, die aus mir eine zuverlässige und auf manchen Gebieten bewanderte Person machen. Das Angeborene wie das Angeeignete. Das Sensorische wie das Materielle. Den Stadtplan von Paris, den ich recht gut beherrsche, die besuchten Städte, die gelesenen Bücher, die gesehenen Filme, die gehörten Sänger, die auswendig gelernten Texte. Natürlich werde ich dir ihre Filme zeigen, aber auch andere Filme. Ich werde dich in alle Museen mitnehmen, dich zum Lesen, dich zum Tanzen bringen.

Es wird dorthingegangen, zu den Beschäftigungen am Mittwoch- und Samstagnachmittag, das sage ich dir. Ich habe damals klassischen Tanz gemacht, Klavier, Tennis, ohne auch nur irgendetwas davon behalten zu haben.

Es kommt gar nicht in Frage, dass du aufhörst.

Und nicht zu vergessen die Phase, in der ich deine alte, bescheuerte Mutter sein werde, die überhaupt nichts kapiert.

Wie werde ich dir Selbstvertrauen beibringen können, so früh wie möglich, wo ich doch immer noch vergeblich mein eigenes suche? Wie soll ich deine Weiblichkeit aufblühen lassen, wo ich mich doch selbst nur selten schminke, mir jeden zweiten Tag einmal durch die Haare kämme und Jeans, Turnschuhe und Unterhosen von Petit Bateau trage?

Für einen anderen Verlag schreiben die beiden hübschen Blondinen Élisabeth Bost und Karine Dusfour über Waisenkinder, die es trotz allem geschafft haben. Eine von ihnen hat einen Sohn, dessen Vater gestorben ist, als der Junge fünf Jahre alt war. Die Mutter schreibt dieses Buch für ihren Sohn, damit er andere Vorbilder vor Augen hat. Man kann damit fertigwerden. Von ihnen erfahre ich, dass der Begriff auch verwendet wird, wenn man nur ein Elternteil verloren hat. Waise. Das erscheint mir viel dramatischer als meine eigene Situation. Dennoch bitten sie mich darum, meine Erfahrung zu teilen. Ich denke: *Sie sind verrückt, doch nicht ich, ich komme immer noch nicht damit zurecht, ich habe nicht das Gefühl, es »geschafft« zu haben, ich tue, was ich kann, und es fällt mir schwer.* Ich soll ein Vorbild sein? Was für ein Vorbild denn? Wie kann man in einem Moment zu allem fähig sein und in einem anderen zu nichts? Weinen oder lachen. Reden oder schweigen, weggehen, abhauen. Alle Zustände, einer nach dem anderen. So ist es bei mir. Man muss sich daran gewöhnen, es kann etwas Besonderes werden, man kann etwas daraus machen. Zu diesem Schluss komme ich, vor meinen beiden blonden Schönheiten spreche ich es laut aus.

2019

Eineinhalb Jahre. Du spielst schon mit uns. Dein Sinn für Humor entwickelt sich. Eine deiner größten Freuden ist es, dich hinter allem Möglichen zu verstecken und plötzlich vor unseren Augen aufzutauchen.

Du hältst deine Plüschtiere an dich gedrückt. Du kannst schon lieben und kuscheln. Du spürst, wie gut es tut, sowohl dir als auch deinem blassrosa Hasen oder deinem grauweißen Wolfshund, die noch keine Spitznamen haben. Du weißt es, weil wir alle, deine Familie, dich wann immer möglich liebkosen, ständig, mit unseren Blicken, unseren Umarmungen, unseren Küssen.

Dein Bruder kümmert sich auch um dich und bedeckt dich mit Küsschen. Außer wenn du seine sorgfältig aufgebauten Figuren, Schlösser, Superhelden oder Höhlen zerstörst.

Dann hören wir Geschrei aus eurem Zimmer: »Ich bringe sie um, sie soll verschwinden. Sie soll sterben.«

Wir lachen leise, dein Vater und ich. Ja, ich kann über diese Wut lachen. Ich sehe nichts anderes darin als das Entwickeln einer Geschwisterbeziehung. Wundersamerweise überkommt mich kein Wahnsinn, ich werde nicht laut, ich versuche nicht, ihm zu erklären, dass er nicht wissen kann, was er da sagt, dass er so etwas nicht sagen darf. Ich verkneife mir jeden Kommentar. Ich muss ihm Raum geben, sich auszudrücken, seit deiner Geburt achten wir noch mehr darauf, dass es ihm gut geht. Ich zittere sekundenlang, und die Vernunft siegt zum Glück. Ich spüle weiter dein Fläschchen. Zum x-ten Mal.

Ich weiß nicht, warum ich unter all den Spitznamen oft gehört habe, wie mein Vater mich »Schönheit der Inseln« nannte. In meiner Erinnerung höre ich es immer noch … Als ich ihn danach frage, kann er sich daran gar nicht erinnern. Dabei hatte ich schon nach einer Erklärung gesucht, wurde ich auf einer Mittelmeerinsel gezeugt? Im Pazifik? Na ja, offensichtlich nichts Exotisches, was soll's.

Wie auch immer, jedenfalls habe ich wie von selbst angefangen, dich, Anna, meine Schönheit des Himmels zu nennen, denn dort kommst du her, von deiner Großmutter im Himmel, die zu uns herunterblickt. Genug auf die Tränendrüsen gedrückt, ich packe die Geigen wieder ein.

Anderes Thema. Ich habe es geschafft, meinen Vater nach den Einzelheiten dieser Szene zu fragen. Im Gegensatz zu mir hat sich dieser Tag bei ihm fest ins Gedächtnis geprägt. Ich habe mich getäuscht.

Wir waren zwar im Garten, aber nicht vor den Autos.

Mein Vater hat mich auf den Schoß genommen und sich mit mir in die Stille seines blauen Austin gesetzt. Suchte er so etwas wie Abgeschiedenheit? Im Schutz seiner Fahrgastzelle? Wollte er nicht gestört werden?

Ich brauche nicht alle Einzelheiten. Die Uhrzeit, das Wetter damals, die Kleidung, die wir getragen haben, das interessiert mich hier nicht.

Ich wollte wieder zum Kern dieser Erinnerung kommen, zum Kern dessen, wer wir waren, wer wir sind. Immer wieder aufs Neue dorthin zurückkehren.

März – April 2019

Seit einigen Wochen läufst du und gewinnst an Selbstbewusstsein.

Wir kaufen dir deine ersten richtigen Schuhe – feuerrote Kickers – sie ähneln winzigen Astronautenstiefeln mit ihrer hohen Ferse, um deine Knöchel in der Entwicklung optimal zu stützen. Wir räumen alle gefährlichen Gegenstände außer Reichweite. Eine ganz neue Umgebung für dich.

Wie damals, als du es geschafft hast, dein Fläschchen mit beiden Händen zu halten und allein zu trinken, gewinnst du auch jetzt an Selbstständigkeit, und unsere Lendenwirbel etwas Erholung. Wir müssen dich nicht mehr ständig tragen. Du kannst dich allein auf den Beinen halten.

Wenn ich dich stehen lasse, auf dem Boden, außerhalb meiner Arme, lache ich leise, während ich dir die Hand auf den Rücken lege. »Auf geht's, ab ins Leben mit dir!«

Und du ziehst wieder los auf der Suche nach deinen Spielsachen, nach all deinen Freunden aus Federn und Kunstfell.

Geh, meine Schönheit des Himmels, ich liebe dich so.

Mama.

Die Zeit vergeht, und es gibt für alles eine Zeit. Eine Zeit, um zurückzuweisen, eine andere, um zu suchen, und eine, um zu lieben. Ich entspanne mich.

Im Grunde ging es mir schon sehr gut, warum habe ich mit dieser Arbeit angefangen?

Wo ist meine Freude hin? War es richtig, mich direkt an dich zu wenden? Was wirst du über deine Mutter denken? Wie du räume ich mein Zimmer auf, meine Gedanken.

Ich sehe den Tatsachen ins Auge.

Ich schreibe gerade, du rennst an mir vorbei und brichst in Gelächter aus. Monique rennt hinter dir her, eine Taucher-maske in Froschform auf der Nase. »Ich bin der Frosch! Ich bin der Frosch!«

Ein surreales Bild voller Poesie.

Ich werde zu euch gehen, ich will nicht mehr darüber nachgrübeln. Ich dachte, ich hätte all das geregelt, akzeptiert, was war, wie die Dinge gelaufen sind.

Alles ist gut, ich liebe die Lebenden, die Toten auch. Schlagen wir ein neues Kapitel auf. Ich will mich um dich kümmern, Anna.

Bei dieser Geschichte gibt es kein Ende. Du wirst groß werden, ich werde altern, und so ist es perfekt.

Wir werden bald umziehen. Ich sortiere aus, räume auf, werfe weg, noch einmal. Ich finde ein kleines schwarzes Notizbuch wieder, in das ich die Erkenntnisse aus meinen ersten Psychoanalysesitzungen geschrieben habe, unter anderem diesen besonderen Satz: »Manche sterben, ohne geboren zu sein.«

Wer wurde hier geboren? Wir beide. Du, dann ich.

Ich suche meine Worte. Ich gehe zurück, lösche, beginne wieder von vorne, streiche etwas, füge etwas hinzu, es gibt mehrere Phasen bei dieser Arbeit, es scheint mir endlos (meinem Lektor auch). Ich gelange ans Ende dieses Schreibens, ans Ende dieser kleinen Reise, die am 1. Mai 2017 begann, als ich spürte, dass es möglich und sogar notwendig wäre, etwas Schönes aus dem Hässlichen zu machen, etwas Leichtes aus dem Schweren. Die Seinen und sich selbst zurückzuerobern.

Das Leben und der Tod haben mich geprägt. Mein Überleben nach dem Tod meiner Lieben. Deine Geburt, mit der auch ich wiedergeboren wurde. Jetzt gilt es nur noch zu leben, mein Schatz. Dein Herz wird schlagen. Mein Herz und dein Herz, gemeinsam.

Der Tod ist fruchtbar geworden. Er bringt eine Menge unglaublicher Dinge hervor für diejenigen, die bleiben. Ein Düngemittel für die Lebenden. So viele kleine verstreute Zeichen. Es gibt nicht unendlich viele Sichtweisen. Entweder folgst du den Toten, oder du bleibst am Leben. Es war gut, dass ich gewartet habe, du bist gekommen. Glaub nicht, dass ich eine zusätzliche Last auf deine zerbrechlichen Schultern legen will. Du schuldest mir nichts, und ich schulde dir alles. Mit wem spreche ich? Mit euch beiden zugleich.

»Ein wunderbarer Roman über das Auseinanderfallen und sich selbst neu zusammensetzen.«
Sally-Charell Delin, *SR2 Kultur*

Birgit Birnbacher, der Meisterin der »unpathetischen Empathie« (Judith von Sternburg, *Frankfurter Rundschau*), gelingt es, die Frage, wie und wovon wir leben wollen, in einer packenden und poetischen Sprache zu stellen.

Ein einziger Fehler katapultiert Julia aus ihrem Job als Krankenschwester zurück in ihr altes Leben im Dorf. Dort scheint alles noch schlimmer: Die Fabrik, in der das halbe Dorf gearbeitet hat, existiert nicht mehr. Der Vater ist in einem bedenklichen Zustand, die Mutter hat ihn und den kranken Bruder nach Jahren des Aufopferns zurückgelassen und einen Neuanfang gewagt. Als Julia Oskar kennenlernt, der sich im Dorf von einem Herzinfarkt erholt, ist sie zunächst neidisch. Oskar hat eine Art Grundeinkommen für ein Jahr gewonnen und schmiedet Pläne. Doch was darf sich Julia für ihre Zukunft denken?

192 Seiten. Gebunden. zsolnay.at